마더 데레사

▶ 학교 친구들과 함께 사진을
찍은 아그네스(왼쪽 끝)

◀ 18세의 아그네스.

▲
1937년 종신 서원을 끝낸뒤 다른 수녀들과 함께
(뒷줄 오른쪽이 데레사 수녀)

◀
1948년경의 마더 데레사.

콜카타거리에서 어린아이를 품에 안고있는 마더 데레사

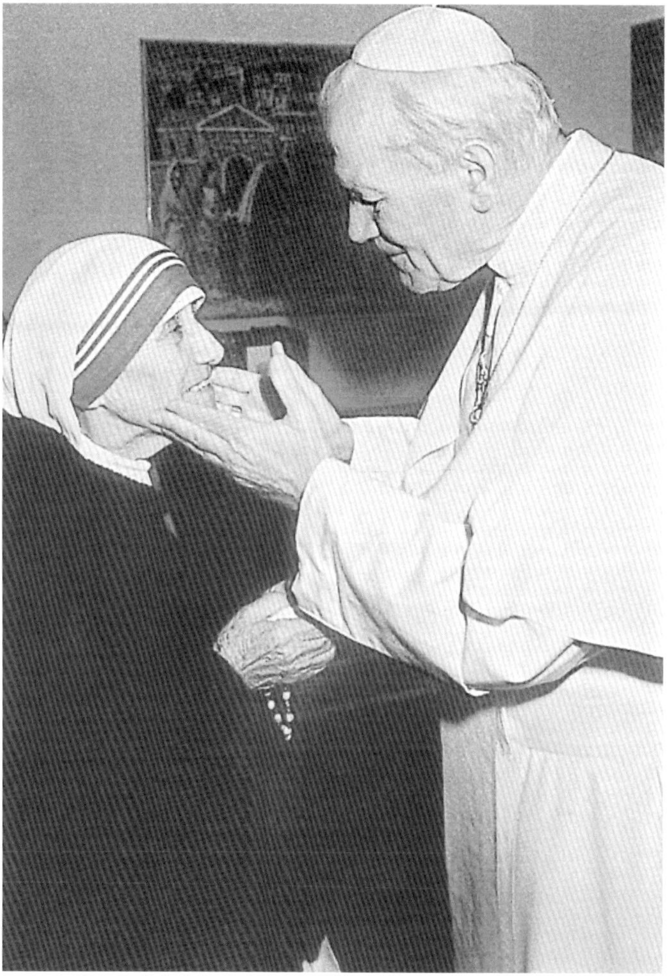

▲ 교황 요한바오로 2세와 함께 한 마더 데레사

1986년, 아라파트 PLO 의장이 기부금을 내기 위해 마더 데레사를 영접하고 있다.

▲ 콜카타에서 마더 데레사

죽어가는 사람을 돌보는 마더 테레사

▲ 1979년 노르웨이에서 노벨평화상을 받고있는 마더 데레사

마더 데레사 평전

삶, 사랑, 열정
그리고 정신세계

Mutter Teresa by Marianne Sammer
ⓒ Verlag C.H.Beck oHG, Munchen 2006
All rights reserved.
Korean Translation Copyright (c) 2009 by FREE IDEA Publishing Co
This Korean Edition was published by arrangement with C.H.Beck Verlag, Munchen
through Bruecke Agency, Seoul.

이 책의 한국어판 저작권은 브뤼케 에이전시를 통해
C.H.Beck Verlag, Munchen 와 독점 계약을 한 도서출판 자유로운상상에 있습니다.
저작권법에 의해 한국 내에서 보호를 받는 저작물이므로
무단전제와 무단복제를 금합니다.

마더 데레사 평전

마리안네 잠머 **지음** 나혜심 **옮김** 이석규 **감수**

삶, 사랑, 열정
그리고 정신세계

 들어가면서

　1910년부터 1997년까지 살았던 마더 데레사는 20세기의 가장 위대한 여성들 가운데 한 사람이다. 콜카타의 슬럼가 그리고 그곳을 넘어 전 세계적인 범위에서 행한 자선 봉사들로 인해 그녀는 노벨 평화상을 받았다.
　임종 후 불과 6년여의 시간이 지난 뒤 그녀를 시복하기 위한 절차가 시작되었다. 사실 세상을 떠난 후 그렇게 이른 시기에 이런 절차가 시작된 사람은 데레사 말고는 없었다.
　그런데 이처럼 언론을 떠들썩하게 했던 '콜카타의 천사'에 대해서는 이상하리만큼 알려진 바가 없다. 인터뷰가 수없이 많이 이루어졌고 그녀에 대한 글들도 많이 나왔지만, 그녀의 개인적 삶에 대해서는 별로 드러난 것이 없다. 스스로를 희생한 그녀에 대한 묘사는 대개 신화와 전설들로만 채워져 있다. 그러나 저자인 마리안네 잠머는 알바니아에서 성장한 아녜스 곤히아 브약스히야(마더 데레사)의 성장과정을 서술한다. 그리고 이 젊은 수녀가 인도에서 자신의 수도회를 만든 과정을 쫓고 있으며, 그녀가 선교를 위해 수행한 작업들과 그녀의 정신세계를 묘사한다. 그리고 이 비정치적인 '성인'이 왜 그렇게 세계적 정치인들의 관심을 받았는가에 대한 물음과 답을 찾아간다.

차례

서문 08

01 아녜스 곤히아 브약스히야
스코페에서 보낸 어린 시절 014
예수회의 영향 022

02 수도회를 이루는 과정
수련수녀와 교사로 콜카타에 살다 032
기차 체험에 관한 전설 039
독실한 믿음의 삶을 시작하다 044
사랑의 선교회 선교사들 056
예수와 마리아의 원죄 없으신 성심을 공경하기 062
병에 시달리는 이들로 이루어진 협력자회 076

03 콜카타에서 오슬로로
콜카타와 인도 084
제3세계에서 시작해 제2세계와 제1세계로 094
방송 스타 수녀 103
노벨 평화상 수상 115

04 세계로 확산된 사랑의 공동체
사랑의 선교수사회 126
그 외의 사랑의 선교회 가족들 131
일반 신자들의 역할 139
세상을 자유롭게 하기 위하여 자신을 성스럽게 하다 148

05 영성靈性
고통과 빈곤에 대한 존중 158
리지외의 성 데레사를 본받아 168

06 비판의 폭격 속에서
돈에 대해 언급하지 않았다는 것 186
사회봉사의 미로 196

07 시복으로 가는 길
여행과 명예 표창들 210
낙태·피임 반대 운동 222
남성은 중심이며 여성은 심장이다 235
인생의 마지막 해와 시복식 242

마더 데레사 연보 254
참고문헌 260

서문

마더 데레사는 현대사에서 가장 영향력 있는 여성들 중 한 명이다. 그러나 마더 데레사 개인의 인간적 성격이나 인생 역정 그리고 영적인 프로필은 놀라우리만큼 알려진 바가 없다. 대중들이 마더 데레사에 대해 가지고 있는 긍정적인 모습들은 그녀가 1979년에 노벨 평화상을 받은 이후 전혀 변하지 않았으며, 그녀가 (경제)개발 원조와 사회적인 책임의 완수, 그리고 그리스도교적인 이웃 사랑을 실천함으로써 옹호하려 했던 가치 기준에 대해 평가도 거의 변한 게 없다.

마더 데레사 스스로가 자신에 대해 수많은 책들이 쓰여지는 과정에서 성녀로서의 이미지와 인간으로서의 면모가 구별되지 않고 혼재되게 하는 데 특히 인간으로서 실재했던 그녀의 삶의 모습과 대중들이 인식하는 책 속에 그려진 이상적 모습을 분리하기는 쉽지 않다.

가톨릭교회뿐만 아니라 국제적인 언론 매체들도 이 '이웃 사랑의 표본'을 만드는 일, 무엇보다도 냉전 시기에 마더 데레사가 가졌던 상징적인 힘의 형상을 만드는 일에 심혈을 기울여 동조하고 가담하였다.

  그렇기 때문에 오늘날에 이르기까지도 그녀가 보여 주었던 가장 이상적인 인본주의의 모습을 사도로서의 모습과 다르게 묘사한다거나, 심지어 역사적·비판적인 관점을 유지하면서 기술한 마더 데레사 전기는 존재하지 않는다.

  그런 글이 오늘날에 와서도 쓰여지지 않고 있는 이유는 근본적으로 전 세계에 분산되어 있는 마더 데레사에 대한 자료를 모으는 일이나 이에 접근하는 것이 어려울뿐더러 심지어 불가능하기 때문이다. 더구나 더 놀라운 점은 사람들이 그런 부분에 대한 정보가 부족하다는 사실을 인식조차 못한다는 것이다.

마더 데레사의 인생 역정, 특히 그녀가 세운 수많은 수도 공동체들과 그 공동체들의 업적에 대해서는 조사가 거의 이루어지지 않았고 기록도 되지 않았다. '마더 데레사'라고 하는 주제가 대중화 과정에서 단순화됨에 따라 그녀의 정신세계를 수도생활의 역사에서 어떻게 자리매김해야 하는가, 그리고 그것이 어떤 신학적 가치를 지니는가 하는 문제는 결국 알려지지 못한 채 평가의 저편으로 사라져버리게 된 셈이다. 사실 그것들은 지금까지 간행된 서적들을 통해 그려졌던 마더 데레사의 이야기들보다 훨씬 더 심도 있는 의미를 지니는 것들이었다.

이 책은 마더 데레사를 신화화하고 성인전적으로 단순화시켜 보여주었던 이제까지의 관행과는 달리 좀 더 확실한 사료적 근거에 기초해서 마더 데레사의 인생과 정신세계 그리고 업적을 서술하게 될 것이다. 이와 함께 지금까지 수많은 경로를 통해 제공되어 온 '콜카타의 천사' 라고 하는 표상을 수정하게 될 것이다.

필자가 2003년에 내놓은 바 있는 마더 데레사 연구와 마찬가지로 이 책에서 비록 그녀가 세계열강들의 복잡한 정치 구도에서 신성화될수 밖에 없었던 사회적인 사실에 대해서도 비판한다 해도 오늘날의 역사에서 평생을 병들고 가난한자들을 위해 봉사하고 헌신했던 이 놀라운 여성에게 보내는 필자의 존경은 여전히 유지될 것이다.

Chapter
01

아녜스고히아 브약스히야

스코페에서 보낸 어린 시절

마더 데레사의 세속 이름은 아네스 곤히아 브약스히야이다. 그녀는 1910년 8월 27일, 나중에 스코페라고 개칭된 도시인 위스퀴프에서 태어났다. 이곳은 1912년 11월에 제1차 발칸전쟁이 발발할 때까지 오스만제국에 속한 도시였다.

아네스의 부모는 니콜라(퀼레라고도 불린 듯하다) 브약스히야와 드라나필 브약스히야로 프리츠랜[1] 출신이었다. 이들은 발칸반도의 여러 다른 지역보다는 비교적 발전하고 있던 산업도시인 스코페에서 1900년부터 살았다. 또한 알바니아인이면서도 종교

---
1) 알바니아 국경지대에 있는 도시 - 역주

가 가톨릭이었기 때문에 사회적으로나 종교적으로 볼 때 소수자에 속했다. 1900년에는 이 도시에 약 3,200명 정도의 사람들이 살았으나 1910년에 이르러서는 숫자가 4만 7,000명으로 늘어났는데, 이들 대다수의 종교는 이슬람교나 그리스정교였다. 아녜스의 아버지는 정치적으로 알바니아 민족주의자에 속했으며, 터키에 저항하는 독립운동에 적극적으로 가담하면서 이 운동을 재정적으로 지원하고 있었다.

아녜스의 아버지 쪽 가계는 국제적인 규모로 상거래를 하는 매우 부유한 상인 가문이었으며, 아녜스의 어머니 쪽 역시 자수업을 통해 부를 축적한 가문이었다. 결혼 후 아버지 니콜라 브약스히야는 1900년경 처음에는 약재 판매업에 종사했으나 곧 업종을 바꾸어 건축 사무소를 경영하였다. 그 뒤 그는 동업자와 함께 한 건설회사를 매우 성공적으로 경영했으며, 여기에서 남긴 수익금을 부동산에 투자했다. 그 뒤로 이탈리아 출신의 지인과 함께 유럽을 무대로 하는 무역회사를 설립했는데, 이 회사에서는 생필품과 직물, 가죽 등을 취급했다.

어머니 드라나필은 본래 이탈리아 가문 출신으로 처녀 시절의 이름은 베르나이였다. 드라나필에게는 세르비아에 있는 가족 소유의 넓은 토지에 대한 공동소유권이 있었다. 그녀에 대한 많은 자료에는 정확하지는 않지만 그녀가 남편보다 열여덟 살이나 어렸다고 쓰여 있는데, 최소한 열다섯 살은 적었던 것 같다. 그녀는 열두 살이나 열네 살에 결혼을 했으며, 기업을 운영하는 문제에 대해서는 거의 알지 못했다.

드라나필은 자신의 세 자녀인 아가(1905년 출생), 라자르(1908년 출생), 아녜스를 교육하는 데 열성을 다하는 한편 그 외의 사회 활동에도 열심이었다. 왜냐하면 브약스히야 가계는 비록 사회적으로는 소수자에 속했지만 사회에서 철저히 고립되어 살아간 것은 아니었기 때문이다. 아버지인 니콜라는 시참사회의 일원으로서 정치·종교계의 고위층 인사들을 정기적으로 초대하기도 했는데, 초대된 인사들 중에는 당연히 스코페의 대주교도 포함되어 있었다.

니콜라는 대중들에게 비단 정치인의 이미지로만 드러난 것은 아니었고 인심 좋은 기부자의 모습으로 다가가기도 했다. 이러한 이미지는 그가 최초로 스코페 시에 극장을 세운 일, 가난한 사람들을 지원한 일 등의 결과로 형성되었다.

마더 데레사에 대한 신화화는 1919년을 기점으로 시작되었다. 1919년은 그녀의 아버지가 45세의 나이로 세상을 떠나면서 가족들이 더 이상 상류층의 부르주아적 생활을 할 수 없게 되는 시점이었고, 그녀의 어머니는 이때를 기점으로 종교에 강한 집착을 보이게 되었다. 그리고 어머니의 이러한 양상은 아녜스에게 고

스란히 전해졌다.

아버지의 죽음은 갑작스러운 일이었다. 아버지 니콜라는 코소보 지역을 대★알바니아로 편입시키는 문제를 협의하기 위해 벨그라드로 갔다. 그러나 그는 이 여행 도중 심한 내출혈을 일으켜 집으로 실려왔고, 그대로 회복되지 못한 채 사망하고 말았다. 들리는 이야기로는 정치적 이유로 독살되었다고도 한다.

아녜스의 어머니인 드라나필은 남편이 남긴 기업을 운영할 만한 기업가적 능력을 갖추지 못했으며, 그녀 외에 기업을 이어가기에 적격인 후계자나 운영자가 있었던 것도 아니었다. 게다가 드라나필은 자신이 소유한 부동산에조차 접근할 수 없는 상황이어서 이 가족의 경제적 여건은 점차 나빠졌다. 아울러 전쟁 후 주변의 경제적 여건들이 전반적으로 황폐화해서 이들은 경제적으로 더 어려움을 겪을 수밖에 없었다.

하지만 드라나필은 수공예로 작업한 물건을 파는 가게에서 나오는 물자와 수입으로 여전히 그들 소유의 대저택을 유지하면서 자녀들을 국립학교에 보낼 수 있었고, 아녜스 역시 나중에 공부를 할 수 있었다. 지금까지 데레사 수녀의 전기에 묘사된 것과는 달리 아버지의 죽음 이후 그녀가 겪은 빈곤과 생존의 위협은 사실과는 거리가 멀었다.

나중에 마더 데레사의 전기에서 읽을 수 있는 이 시절에 대한 회고담은 마치 믿을 만한 내용인 것처럼 되어 있어 그녀에 대해 쓰여진 각종 성인전을 서술하는 데 기여했다. 마더 데레사는 전 생애 동안 자신의 유년기에 있었던 일화를 설명하거나 이에 대해 보도되는 것을 거부했고, 자신의 전기가 자유롭게 쓰여지도록 내버려 둔 채 관여하지 않았다.

이와는 달리 그녀의 오빠인 라자의 태도는 그렇지 않았으며, 마더 데레사의 조카 루쉬 그에르기에 역시 15년 뒤 언론에 매우 협조적인 태도를 보였다. 그러면서도 유년 시대에 대해 언급하는 데는 신중함을 보였다.

라자는 아버지가 죽고 나서 5년쯤 지나자 더 이상 집에 머무르지 않고 오스트리아로 공부를 하러 갔으며, 그다음에는 티라나에 있는 알바니아 군사학교에 들어갔다.

마더 데레사의 조카 루쉬 그에르기에는 이들의 가족사에서는 한 사람의 이방인이었다. 그가 언론인이자 성직자로서 이중적인 기능을 수행했기 때문에 그가 묘사한 이들의 청소년기에 대한 역사적 모습은 대중들이 마더 데레사에 대해 가지고 있는 이미지에 부합될 뿐만 아니라 그 자신에게도 유익한 이야깃거리들이었다.

그중에서도 특히 데레사의 어머니 드라나필에 대한 이야기들이 이런 종류의 이야기에 속한다. 예를 들면, 그녀가 자신의 아이들을 풍족하게 키울 수 있는 형편이 전혀 아니었는데도 정기적으로 어떤 나이 든 여성에게 음식을 대접하고 그녀를 위해 청소를 해 주기도 했다는 것이다. 그뿐 아니라 자신들보다 더 가난한 가정의 아이들에게 음식을 제공했고, 자기 소유의 마지막 한 푼까지도 그들을 위해 썼다는 것이다. 또한 어떤 알코올의존증 환자를 돌보기도 했으며, 종양 환자를 고치게 했다는 것이다. 아울러 여섯 명의 고아를 거두었다고도 하는데, 인간에 대한 이러한 사랑이 그녀의 아이들에게는 그리스도교적인 이웃 사랑을 깨우치게 하는 모범적인 모습으로 보였다는 등의 이야기들이다.

물론 어머니의 이러한 행동들이 마더 데레사가 수도회 생활을 하기로 마음먹는 데 영향을 미친 것은 분명하다. 성스럽게 받아들여질 만한 인간의 모범적 행위의 연원을 자연적인 주변환경과 그리스도교적인 교육에서 찾는 것은 성인의 삶을 서술할 때 언제나 보여지는 관행들이다.

그래서 클레르보의 베르나르두스나 리지외의 성 데레사처럼 마더 데레사의 정신세계가 발전하는 데 크게 영향을 준 사람들에 대한 이야기도 모두 데레사의 경우와 마찬가지로 위와 같은 요소들을 통해 묘사되었다. 성인전적인 관점에 따르면 드라나필은 '마음 착한 사마리아인'의 모범적 모습을 보인 셈이며, 마더 데레사는 그 모범을 완성시킨 인물이라 할 수 있다.

아네스의 부모들이 매우 신앙적인 사람들이었고 자녀들을 세심하게 가톨릭적으로 교육하는 데 큰 가치를 두었다는 점은 의심할 여지가 없다. 가톨릭 신자들로서 그들은 수백 년 동안 진행되어 온 이슬람화 과정과도 대적했다. 이러한 종교적 성향은 그들의 정체성을 형성하는 데 중요한 요인으로 작용했으며, 동시에 그 가족은 자유로운 알바니아인으로서의 정치적 자각까지 보여 주고 있다.

장거리를 오가면서 활동한 기업가이자 정치인이었으며, 또한 자신이 속한 도시의 사회적 중심에서 활동했던 마더 데레사의 아버지 니콜라는 이런 활동의 열의를 세 자녀에 대한 교육에서도 보여 주었다. 그는 아이들에게 잘 가꾸어진 주변환경을 만들어 주었고, 기초가 튼튼한 학교 교육을 시키기 위해 열의를 다했다. 그리고 이런 교육적 열의의 일환으로 자녀들이 모두 대학 입시를 치르도록 배려했다.

니콜라 자신도 교양 수준이 높아서 알바니아어와 세르보-크로아티아어, 터키어, 이탈리아어와 프랑스어를 구사할 수 있었다. 큰딸인 아가는 학생 시절에 많은 상을 받았고, 대학에서 국민경제학을 전공한 뒤 저널리스트로도 활동했으며, 이후 티라나 라디오 방송국으로 옮기기도 했다.

아네스 역시 재능 있는 학생이었다. 그녀는 책 읽는 것을 좋아

했고 시를 썼으며 만돌린 연주를 배우기도 했다. 또한 언니 아가와 함께 교회 합창단과 가톨릭 청소년 합창단에서 노래했으며, 자신들의 성당에서 콘서트를 열기도 했다.

마더 데레사의 영적 지도신부였던 에드워드 르 졸리, 제임스 매거번, 또는 맬컴 머거리지가 쓴 마더 데레사의 전기에서는 그녀를 단순히 농촌 출신으로 묘사하곤 했는데, 이런 식의 서술은 모두 성인전적인 관행에 따른 것이다.

즉, 이런 방식의 묘사로 교육을 받지 못한 알바니아의 한 농촌 소녀가 세상을 향해 행한 연설들이 분명히 성령에 감도된 것으로 비쳐질 수 있었고, 그녀가 거침없이 열정적으로 행했던 일들에서 드러난 실용주의적 경향이 왕성하고 단단한 뿌리에 근거를 둔 것으로 받아들여질 수 있었다. 그리고 그녀가 활동의 중심 주제로 삼았던 그리스도교적인 가정과 이웃 사랑이라는 주제는 가난하지만 행복했던 농부 가족이 보여 주는 하느님을 경외하는 삶의 원형적 모습에서 기원을 찾을 수 있게 되었다.

마더 데레사는 행복한 청소년기를 보냈으며 아름다운 가족생활을 영위했다. 이것 외에 사람들이 마더 데레사에 대해 알고 있는 것은 더 이상 없다.

예수회의 영향

마더 데레사의 어머니 드라나필은 어머니를 너무 일찍 여의었고 자신의 자녀들에 비해서 상대적으로 교육을 많이 받지 못한 사람이었다. 그녀는 남편이 죽고 난 뒤에도 남편과 자신이 자녀를 교육할 때 중요시했던 중점적 요소들을 변화시키지 않았다. 드라나필은 여전히 자신이 세운 모범적 모델을 기준으로 자녀들에 대한 지원을 계속했고, 자신이 벌이는 사회적·종교적 참여 활동을 본받아 점차 어머니의 행동 성향을 닮아 가는 딸들의 삶을 지지했다.

1925년 스코페에 있는 예수 성심 성당의 주임사제직을 수행하기 위해 크로아티아 예수회 회원인 프란조 잠브레코빅이 새로 부임해 오면서 아녜스에게는 새로운 세계가 열렸다. 잠브레코빅 신부는 자신이 맡은 성당 구역에서 성직자로 생활하며 활동의 중점을 예수회에서 진행하고 있던 대중 교리문답 교육의 전통에 두었다. 특히 청소년들에게 연극을 상연하고 음악을 연주하게 했으며, 종교 공동체를 구성해 산책이나 축제·콘서트·문화 행사를 하게 했다. 또한 구체적으로 일종의 사회봉사 활동의 수행 등과 같은 방식으로 이웃 사랑을 실천하도록 지도했다.

라자는 이런 분위기를 견디기 힘들어했지만 아녜스는 잘 적응

했다. 아녜스는 잠브레코빅 신부가 세운 전체적인 계획에 적극적으로 참여했고, 예수회적인 영성으로 가득한 그의 정신적 경향들을 깊이 수용했다. 잠브레코빅 신부는 아녜스에게는 사제이자 교육자였을 뿐만 아니라 영적인 조언자였으며 고해를 들어주는 신부이기도 했다. 아녜스는 잠브레코빅 신부와 자신을 완전히 일치시켰고 그의 모범을 좇아 생활하려고 노력했다.

 잠브레코빅 신부는 부임하자마자 예수회가 16세기 이래 늘 그래 왔던 것처럼 자신의 성당에 하나의 '마리아의 자녀들의 연대', 즉 마리아회를 만들었다. 이 조직은 내적인 개혁과 교회의 쇄신을 위한 방식의 일환으로 트리엔트공의회가 정한 방침에 따라서 조직의 주요 기능을 대중 선교라는 측면에 두었고, 1584년 교황 그레고리우스 13세의 인가를 받은 이후 예수회의 소관으로 활동했다.

 유럽 어디에서나 똑같은 형식으로 구성되는 이 평신도 모임의 목적은 줄곧 변함이 없었다. 즉, 사제가 회원들을 성모상을 중심으로 모이게 하고, "미덕과 지식을 지닌 하늘의 여왕을 공경함으로써 구성원들의 활동의 성격을 만들어 가고 공동체를 전진시켜 나가고자" 했던 것이다.

 마리아회가 짧은 기간 내에 큰 성공을 거두었기 때문에 남성·여성·아이 단체뿐만 아니라 여건이 갖춰진 지역에서는 신분별 단체도 구성되었다. 그리고 이는 하녀 등 사회 하층에서부터 학자에 이르기까지 모든 사람들이 적절한 사회 조건 속에서 영적인 삶을 영위하게 한다는 방침에 따라 운영되었다.

이들은 사전에 정확히 작성해 놓은 기도를 매일 일정한 기도 시간에 하는 것을 전제로 했을 뿐만 아니라 정례적으로 지식 탐구, 고해, 성찬식 참석을 활동의 전제로 삼았다. 그 외에도 이른바 '자비심에서 우러나오는 7가지 육체적인 자선 행위' 라고 불리는 것들을 행했다. 예를 들면 병자 방문하기, 목마른 자에게 마실 것 주기, 배고픈 자에게 음식 주기, 감옥에 갇힌 자 방문하기, 헐벗은 자에게 옷 입히기, 이방인에게 잠잘 곳 제공하기, 죽은 이의 장례 치러주기 등이다. 마더 데레사의 어머니 드라나필이 행한 사회적 자선 활동도 이러한 방침에 따른 것이었음을 금방 알 수 있다.

'자비심에서 우러나오는 7가지 정신적인 자선 행위' 에 속하는 행동들은 마리아회 회원들이 행해야 하는 것들로서 평신도들이 이를 모두 실현하도록 정해진 것은 아니었다. 12~13세기 이래 흔들림 없이 유지되고 있는 이 자선의 규칙에는 의심하는 이에게 조언하기, 죄인을 타이르기, 모르는 이를 가르치기, 슬퍼하는 이를 위로하기, 상처를 준 모든 이를 용서하기, 부당한 일을 참고 견디기, 산 자와 죽은 자를 위해 기도하기가 포함되어 있다.

자비를 베풀기 위한 자선 활동은 가톨릭적인 믿음에 따르면 하느님의 자비심이 발생시킨 것이며, 이는 자신을 성인화하는 근본적 수단으로 간주된다. 여기에 아녜스는 봉사 행위의 의무라는 생각을 내면화시켰다. 후일 마더 데레사는 수도회를 세울 때 자비심에 따라 행하는 봉사 행위 전체를 수도회의 활동에 포함시켰는데, 이로써 일종의 "사랑의 봉사 행위라는 우주를 형성했다"고 흔히 표현된다.

마리아회에 속한 사람들이 행해야 할 의무로는 이외에도 예수회의 영성 훈련에 참여하는 것이 포함되어 있는데, 이는 예수회의 창시자인 로욜라의 이그나티우스에게서 비롯되었다. 그리고 이는 예수의 삶과 고난을 명상의 출발점으로 삼으며 다시 그곳으로 복귀하게 하는 것이다.

아녜스는 이런 식으로 이른 시기에 예수회적인 관조에 익숙해졌다. 이런 이유로 그녀는 나중에 의식적으로 예수회적인 수도회에 입회했을 뿐만 아니라 자신과 자신의 수도회를 위해 의식적으로 예수회를 영적인 조언자로 선택했으며, 자신의 종교적 실천에 예수회적인 경건성의 형식을 결합시켰다.

19세기와 20세기에 나타났던 예수 성심과 마리아 성심 공경의 근대적인 변형도 이와 같은 예수회의 전형적 경건성의 양상에 속한다. 이와 같은 경건성에 대한 마더 데레사의 애정은 교황 비오 9세가 1855년에 티 없이 깨끗하신 성모 성심 축일을 인가한 것과 교황 레오 13세가 1899년에 예수 성심께 세계를 봉헌한 것과 연결되어 있다.

이러한 중세 후기적인 신앙 형식은 예수회에 의해 18세기에 수용되는 과정에서 신앙 형식에 원래 내재되어 있던 근원적인 영적 특징을 상실하고 말았다. 그 영적인 특징이 마리아회에서는 널리 확산되어 있었고, 심지어 스코페에 있는 예수 성심 성당에서도 이를 가까이 하고 있었다. 이런 이유로 청소년기부터 예수 성심·마리아 성심에 대한 공경을 해왔던 마더 데레사의 선교회에서도 두 가지 신앙의 형식에 중심적인 의미를 부여할 수 있었다.

잠브레코빅은 이외에도 마리아회의 지도자로서 이곳에 신앙 서적들이 소장되는 도서관을 건설하는 일을 의무로 삼고 있었다. 이 도서관이 아네스에게는 일종의 결정적인 가교 역할을 했다. 즉, 아네스는 1923년에 복자위에 올려졌고 1925년에 성인으로 불리게 된 리지외의 성 데레사(1873~1897)의 책들을 이 도서관에서 매우 열정적으로 읽었다.

리지외의 성 데레사의 글들은 많이 번역되어 있었는데, 그녀의 경건성은 경건성의 역사에서 볼 때 후기 중세시대의 예수 중심적인 고난 경건성에 기원을 두는 것이었다. 이 책들에 담긴 핵심적인 생각들은 자신의 육체와 영혼의 고통을 통해 예수의 고난을 감소시킨다는 것인데, 마더 데레사는 후에 이를 자신이 만든 수도회나 평신도 단체 모두의 과업을 추동하는 힘이라고 표현했다.

아녜스는 그녀의 수도명을 작은 꽃, 즉 소화라고 불렸던 리지외의 성 데레사에게서 따서 데레사라고 지었으며, 이는 에스파냐의 수호성인으로서 대 데레사(1515~1582)라고 불린 아빌라의 데레사에게서 따온 이름이 아니었다.

아녜스가 자신의 새로운 이름을 이렇게 소화 데레사를 본떠서 지은 일이나 예수회와 유사한 선교 수도회에 가입하려고 했던 일과 관련해 볼 때 아녜스의 입장에서는 아주 운 좋은 사건이 발생했다. 그것은 소화 데레사가 1927년에 세계 선교를 위한 수호성인의 지위를 얻었다는 사실이다. 그러지 않았다면 아녜스는 언제고 자신이 소속한 수도원을 떠날 수 없었을 것이다.

잠브레코빅의 도서관에는 그 외에도 정기적으로 간행되는 선교 관련 잡지나 편지들이 있었고, 아녜스는 이것들을 열정적으로 읽었다. 특히 이 수도회가 생긴 이후 잠브레코빅의 몇몇 형제 사제들도 관여한 바 있는 동부 콜카타의 예수회 계열의 뱅갈 선교에 그녀는 매력을 느꼈다. 인도를 대상으로 하는 선교사가 되겠다는 그녀의 꿈을 이 선교회가 일깨운 셈이었다.

1919년과 1926년에 두 차례 교황의 선교에 관한 회칙이 발표되고, 1923년 우트레히트에서 국제 선교 총회가 열렸다. 여기에 이 일을 맡을 담당자가 임명된 후 선교라는 주제가 광범위하게 실천되었고, 전체 교회는 이를 하나의 과제로 간주되게 되었다.

이 시기에도 아녜스의 생각은 여전히 잠브레코빅이 자신에게 열어 준 영적인 경험의 세계 주위에서만 여전히 맴돌고 있었다. 1928년 대학 입시를 치르고 난 뒤, 그녀는 이 과제를 자신의 사명으로 삼았다.

어머니 드라나필은 처음에는 열여덟 살이 될 때까지 정성 들여 키운 딸이 수녀로 인도에서 활동하게 된다는 사실에 별로 감동하지 않았다. 또한 이미 오래전에 집을 떠나 있던 라자 역시 데레사의 결정에 전혀 동의하지 않았을뿐더러 반대 의사까지 보였는데, 이는 충분히 짐작할 수 있는 반응들이었다.

아녜스가 항상 병약한 모습을 보였으며, 그렇기 때문에 그녀가 선교사로서 적당한가가 늘 의문이었다는 이야기는 마더 데레사가 활동 기간 동안 놀라우리만큼 건강한 모습을 보여 주었음을 생각할 때 신빙성이 낮다. 병약함에 대한 묘사는 사실 살아 있는 동안 내내 건강이 좋지 않았고 결국 24년 동안 앓았던 결핵으로 사망한 세계 선교의 수호성인을 성인전적인 글에서 묘사할 때 늘 병렬적으로 늘어놓는 내용 중 하나였던 것이다.

또한 마더 데레사에 관한 글에서 항상 반복적으로 읽을 수 있는 주장 중 하나는 마더 데레사가 예수회의 인도 선교에 대한 강론을 듣던 열두 살의 나이에 이미 스스로 선교사가 되어야겠다는 소명을 느꼈다고 하는 부분이다. 사실 이것은 상징적으로 이해해야 할 내용이다. 왜냐하면 그 시점에는 사실 그런 선교가 아직 시작되지도 않았기 때문이다.

즉, 12라는 숫자는 그리스도교를 세상에 알리기 위해 선교사로서 세상에 나아간 사도의 숫자를 드러내는 기능으로 쓰였으며, 이로써 마더 데레사가 예수의 12사도의 뒤를 잇는다는 의미를 갖춘 셈이었다.

Chapter 02

수도회를 이루는 과정

수련수녀와 교사로 콜카타에 살다

아녜스는 콜카타에서 상류층의 딸들을 위한 학교를 운영하는 로레토 성모 수녀회에 자신을 받아 주기를 청원했다. 로레토 성모 수녀회는 1822년 프랜시스 메리 데레사 볼(1794~1861)에 의해 영국 여성들을 구성원으로 하는 자립적 아일랜드 분원으로 세워졌고, 본원은 현재 더블린의 라스파안햄에 있다. 로레토 성모 수녀회는 유럽의 경계를 넘어서 지브롤터, 캐나다, 미국, 오스트레일리아, 아프리카와 인도에도 분원을 두고 선교 활동을 지망하는 소녀들을 교육하는 기관으로 운영되고 있었다.

이 영국 여성들은 자신들의 수도회를 예수회의 일원으로 이해하고 있었지만, 로레토 성모 수녀회는 교황의 법 아래 있는 수도회로서 예수회의 지휘를 받지 않는 독립적 존재였다. 그녀들은 오로지 교황에 대해서만 복종할 의무를 지는 총수녀원장의 지휘를 받았지만 예수회 회원들과 마찬가지로 수도원에서 생활하는 것은 아니었다.

이 수도회의 설립은 이미 1609년에 메리 워드(1585~1645)에 의해 이루어졌다. 이 기구는 1632년 이래 가장 단기간에 교황의 인정을 받은 소녀 교육기관이었고 국제적으로도 가장 널리 확산될 만큼 성장했지만, 메리 워드는 비오 10세가 1909년 4월 6일에 이와 관련된 선언을 한 후에야 공식 설립자로 인정을 받았다. 사람들은 이 수도회의 회헌이 여성 수도회의 것으로 보기에는 너무 급진적이라고 생각했기 때문에 이 수도회는 1877년에 이르러서야 교황의 인가를 받을 수 있었다.

아네스는 인도에 있는 가톨릭 소수파 지역에서 교사로 일하고 싶어했고, 1928년 9월 26일에 어머니, 언니와 함께 자그레브로 갔다. 이곳은 그녀와 가족의 영원한 이별 장소가 되었다. 아네스는 면담을 하기 위해 파리를 거쳐 더블린의 라스파안햄에 도착했다. 그녀는 지원자[2]였으므로 수련수녀로 받아들여지기 전에

---

[2] 수도회에 입회하고자 하는 사람은 수도 생활을 지원하고 갈망하며 지내는 기간(지원기, 통상 6개월 또는 1년)과 수도 생활에 대한 적성 여부를 판별하고 지원 동기를 순화하는 기간(청원기, 통상 1년)을 거쳐야 한다. 지원기와 청원기를 마치고 나면 수도자로서 본격적인 수련에 들어간다(수련기, 최소한 1년 이상). 이후 유기서원기(3~4년)를 거쳐 종신서원을 하게 된다. – 역주

거쳐야 하는 6개월의 지원기를 먼저 마쳤다. 그리고 대부분의 수련수녀들과 마찬가지로 수도원에서 생활했다.

아녜스는 본원에서 6주간 머무르면서 기본적인 영어를 익혔고, 콜카타를 향해 출발해서 1929년 1월 6일에 도착했다. 그리고 회헌에 따라 정해진 2년의 수련기를 그곳에서 북쪽으로 500킬로미터 떨어진 다르질링에서 보냈다. 아녜스는 묵상기도, 수도회의 회헌, 수도서원[3] 및 수도자가 갖춰야 할 순명과 겸손 같은 덕목을 이곳에서 익혔다. 신앙교육 및 가사일 등도 이 실습 과정에서 익혀야 할 일에 포함되었다.

데레사 수녀의 경우에는 이외에도 선교 업무에 속하는 활동에 대해 추가 교육을 받았다. 수도회 생활에 얼마나 잘 적응하는가 하는 진척의 정도는 수련장 수녀가 감독했다. 데레사 수녀는 1931년 5월 24일 첫 유기서원을 하고 정식 수녀가 되었다.

마더 데레사의 전기들에는 초기의 인도 생활에 대해서는 거의 드러나지 않는다. 데레사 수녀는 여기서 명백히 일종의 도제 교육을 받았다. 이 도제 기간을 마친 뒤 도시의 한 지역인 엔탈리에 있는 로레토 수녀회의 학교에서 수업을 하기 위해서였다. 또한 작은 응급실의 일도 자주 도왔다.

마더 데레사는 이때 자신의 경험에 대해 짧은 글을 써서 자신이 스코페에 있을 때 즐겨 읽었고 그 후 인도로 간 자신의 여정

---

[3] 수도자로서 정결, 청빈, 순명의 복음적 권고를 실천하며 그리스도를 따르는 삶을 살 것을 맹세하는 일 – 역주

에 대해 보도하기도 했던 유고슬라비아의 선교 잡지 〈가톨릭 선교〉에 보내기도 했다.

이것들이 마더 데레사가 직접 쓴, 실제로 마더 데레사 본인이 작성한 유일한 자료인 것으로 보인다. 거기에 서술된 내용들은 흔히 선교에 대해 보고할 때 강조하는 형식에 적합한 것이어서 그 글을 통해 어떤 정보를 제공하기보다는 순박한 고향의 독자들에게 선교를 고무하기 위한 것이어야 했고, 그 자체로 고유한 특성을 지닌 일반적인 문학 장르를 이루고 있다.

… 모든 눈은 희망에 가득 차서 나를 향했다. 어머니들은 자신의 어린아이들을 내게 넘겼다. 그들 하나 하나를 고쳐 주고 필요한 조언을 해 주는 데 많은 시간이 걸렸다. 그들이 어떻게 필요한 약을 먹어야 하는지를 설명하려면 최소한 세 번은 설명을 해야 했다. 이곳의 가난한 사람들은 최소한의 교육도 받지 못했기 때문이다. 나는 그들에게 이야기한다. 의사에게 도움을 받을 수 없는 아이들을 내게 데려오라고. 내게 그 아이들을 위한 놀라운 약이 있을지도 모른다고.

나는 아이들에게 최고의 치료제인 성스러운 세례, 영원한 축복을 줄 수 있어서 행복하다. 나중에 한 남자가 두 다리가 밖에 드러난 상태로 천에 둘둘 싸여 있는 아이를 데리고 왔다. 그 작은 아이는 너무나 약해서 곧 죽을 것 같았다. 나는 성수를 가져오기 위해 뛰었는데, 그 남자는 우리가 그 아이를 받지 않으려 하는 줄 알고 두려워하면서 말했다.

"만약 당신들이 이 아이를 받아 주지 않는다면 난 이 아이를 풀밭에 버릴 거요. 그러면 맹수들이 그 아이를 한쪽으로 밀어 놓지는 않을 것이오."

커다란 동정심과 사랑으로 나는 그 아이를 안았고, 수녀복으로 그 아이를 감쌌다. 아이는 두 번째 어머니를 얻게 된 것이다. "누구든지 나를 받아들이듯이 이런 어린이 하나를 받아들이는 사람은 곧 나를 받아들이는 사람이다."(마태오복음 18장 5절)라고 모든 어린아이들의 친구인 예수님은 말씀하셨다. 그 눈먼 아이와의 경험은 내 일상에 새겨졌다.

— Porter와 Konermann

다른 종교인에게 긴급하게 세례를 주는 일을 제외하고 데레사 수녀가 원래 행한 선교 활동에 대해서는 알려진 내용이 거의 없다. 선교의 대상을 누구로 할 것인가 하는 일은 분명 그녀가 결정할 것이 아니었고, 그녀가 일종의 의사로서 일한 것도 아니었다. 그녀는 초기 십여 년이 지난 뒤에야 비로소 기초적인 의학 지식을 속성 과정으로 마쳤을 뿐이었기 때문이다.

보고는 그런 장르들에서 볼 수 있는 일반적 내용들로 이루어져 있었다. 이런 보고는 단지 데레사 수녀가 그녀의 교회가 제공하는 구제 수단을 통해 생존의 위협 속에 있는 힌두계와 이슬람계 인도인들을 위기에서 벗어나게 했고, 그들이 발전할 수 있게 돕는 것이 하느님에 대한 봉사이며 그렇기 때문이 그것이 바로 가톨릭적인 선교를 의미하는 것이라고 믿었음을 기록하고 있다. 낯선 환경에 적절히 적응하거나 그 환경을 이해하는 일이 마더 데레사에게도 쉽지 않은 일이었다는 것은 그녀가 젊은 시절이나 그 후에도 여전히 힌두어나 벵갈어를 자유롭게 구사하지 못했음을 통해 알 수 있다.

데레사 수녀는 수련수녀 생활을 마친 뒤 15년 동안 수도회에서 운영하는 성 마리아 학교에서 수업을 했다. 기숙사를 갖춘 제법 이름이 있던 이 학교에서는 식민 통치가 이루어지던 지역의 최고 가문 출신의 소녀들에게 종교, 지리, 역사를 영어로 가르쳤다. 1937년에는 이 학교를 데레사 수녀가 운영하게 되었다. 데레사 수녀의 직무 영역에는 수도원 지역에 있는 벵갈 소녀들을 가르치는 성 마리아 학교가 포함되어 있었는데, 이곳에서는 영어를 제2 외국어로 가르치고 있었다.

성 마리아 학교의 수업은 '성 안나의 딸들'이 담당하고 있었다. 이들도 란치에 중앙 기구를 두고 있었으며 예수회와 가까운 공동체로서 로레토 성모 수녀회와 연결되어 있었다. 성 마리아 학교에 있던 안나의 딸들은 벵갈인들로서 푸른 사리를 둘렀는데, 그들이 두른 교단의 옷이 후에 사랑의 선교회 복장의 모델이 되었던 점도 간과할 수 없다.

1937년에 데레사 수녀는 로레토 성모 수녀회에서 종신서원 절차를 마치고 마더 데레사로 불리게 되었다. '마더'라는 이 명칭은 그녀의 수도회 내에서 흔히 여교사를 지칭하는 말로 쓰였다. 이 명칭은 데레사 수녀가 성 마리아 학교의 교장으로 있었던 일이나 그녀의 사회적 능력 또는 그녀가 이후 교단을 만든 일과는 상관없이 주어진 것이었다.

같은 해에 마더 데레사는 영국 국적을 취득했는데, 흔히 알려진 것처럼 인도 국적을 얻은 것은 아니었다. 왜냐하면 인도는 1947년에야 비로소 독립국가가 되었기 때문이다.

마더 데레사가 성 데레사 초등학교에서 정기적으로 가난한 아이들을 위해 수업을 했고, 거기에서 하층계급의 파악하기조차 어려운 빈곤과 직면하고 그들의 빈곤 문제를 알아갔다고 하는 사실을 사람들이 인정하느냐 인정하지 않느냐의 여부는 마더 데레사가 겪었던 자각의 경험에 대해 말해 온 지금까지의 설명들 중 어떤 것을 수용하는가에 달려 있다. 위에서 언급한 초등학교는 엔탈리 외곽에 자리잡은 거의 슬럼에 가까운 지역에 있었다.

기차 체험에 관한 전설

마더 데레사는 20년 동안 로레토 성모 수녀회에서 수녀로 생활했다. 그리고 성 데레사 초등학교의 종교 담당이었던 예수회 소속의 줄리앙 앙리 신부와 그녀의 고해신부로 벨기에 예수회 소속의 첼레스트 판 엑셈 신부의 말에 따르면, 그녀는 바로 인근에 있는 슬럼가인 모티즈힐에 한 번도 발을 들여놓은 적이 없었다고 한다. 이런 사실은 마더 데레사가 성 데레사 초등학교에서 수업을 한 적도 없고, 자선을 실행하는 과제 수행 단체였던 로레토 수녀회의 마리아 학생회를 이끌고 이 슬럼가를 다녀간 적도 전혀 없었다는 것을 뜻한다.

하지만 다른 전기들에서는 마더 데레사가 수도회 학생들과 함께 몇 년 동안이나 도움을 주기 위해 주로 일요일에 슬럼가를 방문했고, 이런 식으로 몇 차례 슬럼가를 방문한 후 마침내 걱정거리 없는 수도원 생활이 자신이 품고 있는 신조와는 어울리지 않는다고 판단하게 되었으며, 그로 인해 점차 심각한 양심의 고통을 느끼게 되었다고 강조한다.

이 두 가지의 서술 내용이 보여 주는 것은 두 번째 소명의(그녀의 첫 번째 소명이 사리를 입는 것이었다면) 동기가 무엇인지에 관하여 무수히 많은 모순과 불합리함을 고려해서 데레사의 일생을 담고 있는 서술들에는 거의 언급할 만한 것이 없었다는 사실이다. 신화적인 관점들이 일치하지 않고 차이를 보이는 것은 아무 근심 없던 마더 데레사가 1946년 9월 10일 수녀들의 집으로 가기 위해 나섰던 다르질링행 기차 안에서 가난한 자들 가운데서도 가장 가난한 자들을 위해 봉사하는 고유한 수도회를 설립하도록 하는 계시(영감)를 얻었는가, 또는 근심과 염려로 가득 찬 마더 데레사가 기차에서 갑자기 결단을 내리고 그러한 수도회의 설립을 통해 자신이 통감하는 사회적 책임을 완수해야 한다고 생각했는가 아닌가 하는 부분에 대한 것이다.

전자의 해석은 사도 바오로가 경험한 상황과 같은 모델에 따른 것이다. 이 해석은 마더 데레사를 하느님의 사명 도구로 받아들이게 하고, 그녀의 행위가 하느님의 지시에 따른 것이었다고 생각하게 만든다. 후자의 해석은 시기적인 상황과 맞아떨어지고 그녀가 몸담고 활약했던 활동적인 수도회의 자의식에 훨씬 더 부합한다.

위에서 언급한 두 가지의 해석 중 하나 또는 '기차 계시'라고 명명된 사건이 정말 사실에 가까운지 아닌지는 완전히 해명되지 않은 채 남아 있을지도 모른다. 어쨌든 사랑의 선교회라는 수도회에 대해 설명할 때는 마더 데레사가 기차에서 했던 체험이 중요해서 기차 체험이 있었던 9월 10일이 사랑의 선교회 설립일로 기념되고 있다.

그 기차에서의 체험은 두 가지로 해석될 수 있을 것 같은데, 그것은 이 두 가지 모두 마더 데레사의 성스러움과 그녀가 세운 수도회가 행하는 일을 '하느님의 일'로서 밝은 빛 속에 드러나게 하기 때문이다. 기차 계시는 분명 마태오복음 19장 29절과 마르코복음 10장 29절의 내용에 따라서 구성한 것이다. 이 내용들이란 하느님의 뜻을 위해 "집, 형제 자매, 어머니, 아버지, 아이들, 농토를 버리는 것"이며, "영원한 삶을 보장받는 것"을 내용으로 하고 있다.

마더 데레사 역시 하느님이 기차 안에서 주신 소명을 따르기 위해 그녀의 수도원, 동료 수녀들, 모든 편안함을 포기한 셈이다. 게다가 다음의 구절은 가난한 자 중 가장 가난한 자로서 가난한 자들 중 가장 가난한 자들을 위해 봉사하고자 했던 마더 데레사의 구원 경륜의 동기를 그대로 묘사하고 있다.

"그런데 첫째가 꼴찌가 되고 꼴찌가 첫째가 되는 사람이 많을 것이다." (마르코복음 10장 31절)

모든 것을 버리고 가장 나중 된 자가 되고자 했던 마더 데레사의 결정 뒤에는 수도회의 모든 다른 수녀들과 마찬가지로 하늘에 이르겠다는 의지가 있었다. 이 의지를 그녀는 "성스럽게 될 것"이라는 말로 표현했다.

그 외에도 기차에서의 계시 체험은 성인전적인 전환점을 나타낸다.

> 그녀를 새로운 길로 나아가게 한 이 계시를 그녀의 가슴에 담기로 했던 순간에 마더 데레사의 고유한 사명은 시작되었다. 여기서 그녀의 전기는 끝났고 콜카타의 성녀의 전기가 시작되었다. 그녀의 성인다운 삶은 여기서부터 더욱 급격하게 오로지 그녀가 하느님의 목소리라고 언급했던 오로지 그 방식에 맡겨지게 되었다.
> — Konermann, p.57

사실 회고해 보면 마더 데레사에 대해서는 그녀가 수도회를 설립하기로 결정한 부분에서부터 전기적으로 더 이상 알려진 것이 없다. 그리고 젊은 아네스와 로레토회 수녀로서의 삶은 성인전적인 기준에 따라 다시 쓰여졌다. 즉, 후기의 마더 데레사는 이에 대한 기억들을 다른 사람들에게 넘기는 것을 거부했으며, 심지어 그것에 해당하는 기록들을 파기하기까지 했다.

마치 자신이 평생 동안 이룬 업적의 역사에 자신의 개인적·인간적인 면을 집어넣지 않으려는 것이 그녀의 뜻인 것 같다. 그리고 자신의 업적 속에 작용하는 하느님의 섭리가 인간의 손을 통해서 끌어내어진 것일 수도 있다는 점을 이야기하고 싶지 않았는지도 모른다.

　마더 데레사를 당연히 위대한 여성으로 존경하는 주변 사람들은 그녀의 신화를 서술하는 과정에서 그녀의 '기억'들을 이용 가능한 예로 사용할 수 있게 적절히 이야기로 변화시켰다. 또한 그녀의 독실한 신앙을 보여 주는 적절한 예에 합당한 조각이 될 수 있는 일화가 되도록 그 기억들을 이야기체로 구성했다. 이 때문에 마더 데레사의 생애를 신화화하는 작업은 그녀가 부모 슬하에 있던 시기의 내용부터 시작되었고, 마더 데레사가 본래 가지고 있던 인간으로서의 전기는 배제되었다.

　마더 데레사가 로레토 수녀로 보낸 20년은 신화의 관점에서 본다면 인간적 삶을 산 20년으로 나타나거나, 또는 이와 함께 인간으로서 개인의 역사에서 본질적인 장으로 드러나는 것은 아니었다. 이 시기는 다르질링으로 가는 기차 안에서 하느님의 부름을 받고 제2의 인생을 시작하기 위해 준비하는 일종의 사건 없는 준비 기간으로 그려진다. 따라서 그녀의 생애를 다룬 글에서는 그녀가 후기에 부름을 받게 되리라는 것을 암시하는 일화들만이 기억된다.

　세계의 여론에 거론된 뒤 수도회 설립자로서 마더 데레사의 인생은 그녀의 수도회의 역사와 늘 언론에서 동반되는 여행에 관한 일련의 일화들, 그리고 그녀에게 주어진 상 수여식의 진행 과정들과 동일시되었다. 그녀의 삶은 기차 계시라는 신화적 1946년 9월 10일이 개입되면서 현대 교회사의 한 장을 차지했고, 이 장은 세계 여론과 가톨릭을 위해 쓰여졌다.

마더 데레사와 같이 자신을 온전하게 바친 사람에게는 당연히 전기가 없다. 전기적인 내용으로 보게 되면 그녀에게는 아무것도 발생하지 않았다. 그녀나 사랑의 선교회 수녀들이 했던 것처럼 다른 사람을 위해서, 그리고 다른 사람들 속에서 산다는 것은 나라고 하는 개인의 요소나 나의 의지라는 요소를 발생시키는 일들과 단절된다는 것을 의미한다.

언론인이자 최초로 마더 데레사의 생애를 글로 쓴 사람 중 하나인 맬컴 머거리지는 이렇게 이야기했다.

독실한 믿음의 삶을 시작하다

마더 데레사의 생애에 대한 공식적 설명에 따르면, 마더 데레사는 다르질링에서의 영성 수련을 끝내고는 자신의 선교 공동체

설립이라는 계획을 가지고 돌아왔다. 그 계획이란 슬럼가에서 거주하며 봉사 활동을 전개한다는 것이었다. 그리고 그녀는 자신의 고해 신부인 예수회 소속의 판 엑셈 신부와 나중에 콜카타의 주교가 된 예수회 소속의 페리에르 주교에게 이러한 자신의 계획을 알렸다. 그들이 마더 데레사를 지원해 줄 것인지 아닌지를 알기 위해서는 일 년을 기다려야 했고, 마침내 정치적 결정이 내려졌다.

그 정치적인 결정에 따르면, 새로운 수도회를 세울 만큼 긴급한 이유가 없다는 것이었다. 이미 슬럼가에 상주하면서 전문적인 도움을 실천하는 수도회들이 많다는 것이 그 이유였다. 예를 들면 이미 마더 데레사도 같이 일한 바 있는 '성 안나의 딸들'도 그런 수도회 중 하나였다. 이런 수도회에 들어가거나 아니면 기존의 조직을 이용해 자신이 계획한 독자적 선교 활동을 전개하는 것이 그녀가 할 수 있는 일이었을 것이다.

사실 새로운 수도회를 하나 설립해서 인가받는 일이 쉽지 않았을뿐더러 인가되더라도 지속적으로 활동할 것인가는 분명치 않았다. 또한 새로 수도회가 생기면 기존 제도들에서 필요로 하는 인원들을 채울 수 없을지도 모르므로 이런 위험을 감수하지 않으려면 그것이 더 쉽게 접근해 볼 수 있는 방법이었다.

다른 한편, 영국이 인도에서 철수하고 난 뒤 이루어진 인도와 파키스탄의 국가 건설(1947년)은 정치·사회적 환경에 거대한 변화를 가져왔으며, 이것이 이 나라들에서 진행 중인 그리스도교적 선교에 파괴적인 결과를 가져올 수 있다는 점도 염려스러운 조건이었다.

그리스도교 측에서는 이미 지속적으로 인도의 분리에 대해 반대 의사를 표명해 왔고, 힌두인이나 모슬렘과도 평화적인 관계를 유지하고 있었다. 하지만 그들은 대영제국이 철수한 이후 종교적인 소수자로서 충분한 보호를 받지 못할 것으로 느끼고 있었다.

1946년에서 1948년 사이에 통치권을 획득한 민주주의 인도공화국은 자유로운 종교 활동과 선교의 자유를 보장하는 헌법을 만들었고, 이런 상황에서 선교의 권리에 대한 논의도 이루어졌다. 마더 데레사가 자신의 수도회를 인가받기 위해 신청서를 낸 시점에서 헌법 제17조는 "하나의 종교에서 다른 종교로 강제로 또는 견디기 어려울 정도의 강요로 변화하게 하는 행위는 허용될 수 없다."는 내용을 담고 있었는데, 이는 그리스도교의 선교 활동에는 당연히 위협적인 요소였다.

이 조항에 따라 이후 그리스도교 선교사들이 인도로 들어가는 것은 인도 정부의 조치로 인해 어려워졌다. 왜냐하면 민족주의적인 힌두인들과 다른 집단들 쪽에서 불법적인 방법으로 개종을 하게 만든다는 이유로 그리스도교 선교사들을 비난했으며, 이들의 선교 활동으로 인해 인도인 자신들이 지닌 고유한 종교적 감성이 손상된다고 보았기 때문이다. 상황은 매우 긴박하게 돌아갔다.

1954년, 마침내 의회 차원의 조사위원회가 구성되었는데, 이들이 낸 최종 보고서는 "그리스도교의 선교 활동은 봉사 활동의 형태로 진행하면서 세계를 지배하기 위한 서구의 의지를 실현하려고 하는, 이미 광범위하게 확산되어 있는 시도의 일환으로 보인다. 이는 유럽이 이미 장악하고 있는 정치적 우위를 그리스도교를 통한 정신적 지배를 통해 보충하려는 의도이다."라고 평가했다.

관련 서류에는 다음의 추천 사항이 포함되어 있었다.

- 외국에서 들어온 모든 선교사들을 인도에서 추방할 것
- 모든 개종과 세례에 대해 강력히 단속할 것
- 의료적인 도움을 선교의 수단으로 이용하는 것을 금지할 것
- 헌법을 고쳐서 종교를 확산시킬 수 있는 권리를 인도 국민들만 소유하게 할 것

이런 요구에 대해 인도 정부 차원의 결정이 나오지는 않았지

만, 그리스도교의 입장에서 보면 이런 경과들은 인도에서 선교를 지속하는 것이 불확실해졌음을 철저하게 확증하는 것이었다. 또한 인도인에 대한 그리스도교의 영향력 확대를 전혀 바라지 않는다는 국가의 속내를 드러낸 셈이었다.

하지만 페리에르 주교는 교회 내부적인 이유 때문에도 인도에서 진행하는 선교가 불만족스러웠다. 그는 이미 1944년 마드라스에서 열린 한 관구 주교회의에서 선교 과정이 인도인의 심성과 생활 방식에 적응하고 있음이 외부에 보여질 만큼 드러나야 한다고 주장했다. 그리고 이런 방식을 사용함으로써 힌두교도와 모슬렘들이 유럽 그리스도교를 받아들이는 데 어려움을 덜 느끼게 해야 한다고 강조하고, 이런 방식을 통해 복음화가 더 쉽게 진행될 수 있을 것이라고 주장하였다.

예수회 내부에서 보자면 이런 관점은 새로운 것이 아니었다. 이런 주장은 원칙적으로 17세기의 절충 논쟁 또는 제례 논쟁으로 예수회 수사들과 중국 및 나중에 인도가 될 영토에서 활동하던 다른 선교사들 사이에서 이미 제기된 바 있었다. 이에 대한 교황들의 결정은 예수회 측에 불리하게 작용했다. 왜냐하면 예수회에서는 선교 대상 지역민들의 이교도적인 제사 의식 등까지도 그리스도교적인 제사 의식과 조화시키는 선교 방식을 취해야 한다고 주장했기 때문이다.

그 후 20년이 지난 뒤에도 여전히 2차 바티칸공의회의 대변인을 자처하던 페리에르 주교는 당연히 그 정도까지 가기를 바라지는 않았다. 그를 움직인 것은 민중에게 다가가는 선교 방식이었고, 이를 진행하면서 그리스도교가 인도인의 고유한 문화적·사회적 특성을 존중한다는 것, 그리고 그리스도교적인 영향은 종교적·도덕적인 부분에 한정된다는 점을 밖으로 드러내는 방식이어야 했다.

인도인들, 특히 그들 가운데서도 가장 가난한 사람들처럼 살면서 그들의 음식을 먹고 그들의 언어로 이야기하고 그들의 옷을 입는 것, 바로 그러한 조건 하에서 하나의 수도회를 세운다는 계획은 페리에르 주교에게서 비롯된 것일지도 모른다. 비록 이러한 계획의 실현을 마더 데레사가 혼자 진행시키기는 했지만, 그런 조건 하에서 그리스도교를 이식하기 위해서는 오로지 이들의 행위가 자비심에 의한 사업이라는 것을 증명하면서, 또 그렇게 이를 수용함으로써만 성공할 수 있었다. 왜냐하면 그렇게 할 때만 그 선교 활동이 개인의 인간적 권리에 영향력을 행사하려는 것이 아니며, 또한 자유로운 종교 생활의 권리를 훼손하려는 것이 아님을 인도인들이 받아들이게 되기 때문이다.

페리에르 주교는 인도인의 입장에서는 그리스도교 선교가 사회봉사를 통해 진행될 때 가장 믿을 만한 것으로 여겨질 것이라 생각했다. 또한 인도인들 가운데 가장 지위가 낮은 사람들을 대상으로 선교를 행할 때 그 일을 진행하는 사람들이 가장 사랑 가득한 존재로 이해될 수 있으리라 보았다.

페리에르 주교와 그의 조언자는 마더 데레사의 편에 서서 그녀의 수도회를 지지해 주었다. 이 때문에 마더 데레사의 시도는 처음부터 공공의 관심을 끌 수 있었다. 몇 년이 지나지 않아 이 실험은 매우 유익한 것으로 나타났다. 왜냐하면 마더 데레사는 세계적인 규모의 대중을 움직였고, 이는 위와 같은 의미로는 심지어 선교 효과까지 가져온 셈이었다. 게다가 교회로서는 신앙인의 증가라는 소득까지 얻을 수 있었다.

데레사는 알려지지 않은 이유로 로레토 수도원에서 6개월 동안 영성 수련을 마친 뒤 아산솔로 옮겨갔다. 그 직전에 그녀는 수녀원장직을 맡았다가 백발의 전임자인 마더 세나클에 의해 다시 해임되었고, 그 자리는 마더 이타가 넘겨받았다. 다르질링에서 체류했던 일과 그 이후 아산솔로 여행한 이 여정에는 내부적인 어려움이 발생했을 가능성이 있는데, 마더 데레사의 일대기는 이에 대해서는 철저히 함구하고 있다.

어쨌든 페리에르 주교는 수녀원을 떠날 수 있게 해 달라고 라스파안햄의 대표수녀에게 청원했고, 로마의 교황 비오 12세에게 이에 필요한 허가를 요청하라고 마더 데레사에게 지시했다. 그녀는 1948년 4월 12일 1년 기한의 허가를 얻어냈는데, 이것은 그녀가 수도원에서 종신서원을 한 것과는 직접적인 관계가 없었다. 그녀는 이제 자신의 다음 계획을 세심하게 기획하라고 허락한 페리에르 주교에게 복종할 의무를 지게 되었다.

성모 승천 대축일이자 인도의 건국일 다음 날인 1948년 8월 16일, 마더 데레사는 하얀 사리를 입고 파트나로 갔다. 이는 '메디컬 미션 수녀원'에서 병자를 보살피고 출산을 돕는 일 등을 할 임무를 띤 몇 주간의 여정이었다. 원래는 1년 동안 이 일을 하기로 계획되어 있었지만, 마더 데레사는 단지 몇 주 동안만 이곳에 머물렀다. 그녀가 메디컬 미션 수녀원에서보다는 슬럼가에서 콜레라와 그 밖의 전형적인 질병에 대해 더 많이 배울 수 있다고 주장했기 때문이기도 하고, 또한 메디컬 미션 수녀원의 경우 의사나 간호사들이 바로 도움을 줄 수 있는 상황이었다는 것도 하나의 이유였다.

판 엑셈 신부는 그곳을 나온 마더 데레사를 임시로 '가난한 사람들을 위한 작은 자매들'에 보냈는데, 이 단체는 1839년 이래 자선과 구걸로 살아가는 나이 많고 집 없는 사람들을 도와주고 보살피기 위해 만들어져 국제적인 규모로 확산되어 있는 수도회였다. 페리에르 주교는 마더 데레사에게 돈을 주어 그녀가 전에 있었던 수도원 인근의 슬럼가인 모티즈힐로 가서 오두막을 세우게 했고, 그곳에서 수업을 시작할 수 있도록 하였다.

이곳에서 마더 데레사가 전에 가르쳤던 학생들이나 학교에 소속되어 있던 사람들이 돈과 현물을 기부하거나 현장에서 직접 몸으로 실천하는 도움의 행동을 보여 주었다. 이곳에 모여든 사람들 중에는 이전에 학교장을 지낸 사람의 지인인 돈 많은 사람들, 교사, 그리고 의사들도 있었다. 부족한 것은 얻어서 해결할 수 있었다.

1949년 2월 말, 그녀는 가톨릭 성향을 지닌 부유한 인도인 마이클 고메즈의 집 꼭대기층에서 집세를 내지 않고 살게 되었다. 마이클 고메즈는 마더 데레사의 많은 전기에서 모슬렘으로 기술되는 사람으로, 그는 이 도움 외에도 오랫동안 마더 데레사의 빈민 구호 활동을 도왔고, 그녀와 함께 이 일을 하는 사람들에게도 도움을 주었다. 그래서 마더 데레사는 장소가 협소해져 이곳을 떠나 다른 곳으로 이사해야 할 때까지 마이클 고메즈의 집에서 지냈다.

이 보호 활동에 참여한 사람으로서 이곳에 머물렀던 사람들을 중재하는 일은 앙리 신부와 판 엑셈 신부가 담당해 주었다. 3월 19일, 나중에 아네스의 자매 수녀가 된 수바시니 다스가 첫 번째 지원자로 이곳을 찾아왔고, 3월 26일에는 막달레나 고메즈가 아버지의 반대를 무릅쓰고 도움이 되기 위해 게르트루드라는 수도

명으로 찾아왔다. 1950년 초까지 마더 데레사에게는 일곱 명의 동반자가 있었는데, 이들은 모두 이전에 그녀에게 수업을 받은 학생들이었다.

　마더 데레사의 일대기들에서는 기차에서의 계시 체험과 공식적으로 수도회를 설립하기까지의 시간에 대해 자기 자신을 시험하는 매우 어려운 시기였다고 쓰고 있다. 마더 데레사는 이런 일대기류의 글에서 어려운 외부적 상황과 이해하기 어려운 진행과정에 맞서서 가난한 자들 중 가장 가난한 자들을 위하여 앞이 보이지 않는 싸움을 영웅적으로 진행한 연약하고 작은 여성으로 그려졌다. 이런 글에서는 오로지 그녀가 가진 강한 믿음과 그녀의 실용주의적 태도가 그녀를 승리로 이끈 요인이었다.

　그러나 병자를 돌보는 일이나 걸인들을 도와주는 일, 그리고 같이 일할 사람들을 모집하는 일 등 초기의 어려움은 완전히 신화에 속한다. 모든 전기들이 대체로 그러했는데, 예를 들어 마더 데레사가 세운 수도회의 첫 번째 영적 지도자이자 최초로 데레사 일대기를 썼던 예수회 소속의 에드워드 르 졸리는 이렇게 썼다.

　　그렇게 그녀는 거리에 서 있었다. 보호 장치 없이, 동반자나 조력자·돈·일을 위해 고용된 자 없이, 그리고 일에 대한 약속이나 보장, 어떤 누구의 안전한 손길 없이 길에 서 있었다.

그러나 사실은 이와 정반대였다. 다른 사람이 아닌 콜카타의 대주교가 데레사 수녀에게 로레타 수녀원에서 나와 슬럼가에서 활동하도록 계획을 세워 주었고, 이를 재정적으로 지원했다. 그리고 그는 또한 로마로부터 데레사 수녀의 수도회 설립을 위한 허가를 얻어냈으며, 자신의 교구 바깥으로 그 활동을 확산시키는 데도 관여했다.

또한 예수회와 그 주변의 조직들이 마더 데레사가 선교 활동을 해 나갈 수 있게 열성적으로 도왔고, 그녀의 모험을 처음부터 정신적 측면뿐만 아니라 세속적인 측면까지 가능한 한 모든 범위에서 지원했던 인물이 존재했다는 사실은 명백히 그녀와 그녀의 지원자들에 의해 만들어져 온 신화와는 맞아떨어지지 않는다. 사실 마더 데레사의 전기를 가장 먼저 썼던 쪽은 예수회 측인데, 그 이유에 대해서는 추측만이 남아 있을 뿐이다.

마더 데레사의 조직적인 연결망과 그것들이 교회와 국가기관들 또는 영향력 있는 사람들, 특히 언론과 맺고 있는 관련성들을 모호하게 처리해 드러나지 않게 한 것은 그녀의 개인성을 탈역사화하고 신화적인 모조품으로 만드는 데 기여한다. 그녀의 업적은 하느님에 의해 동기가 부여된 이웃 사랑의 기적으로 보여야 했고, 모든 나라에 이것이 전파되어야 했다. 결코 위험에 처한 인도 선교를 보호하기 위해 정치적으로 계산된 조치로 표현되어서는 안 되었던 것이다.

 전자와 같은 모습에 세계의 여론이 감동을 받은 것인데, 만약 후자에 언급된 의도가 드러났을 경우 자유를 지향하는 사람들에게서나 인도 자체 내에서도 많은 동정과 동의를 희생해야 하는 대가를 치르는 상황이 전개되었을지도 모른다. 마더 데레사는 수도회를 설립하는 데 관계된 직접적 범위의 자료나 편지들을 빨리 넘겨 주기를 바랐다. 이런 간청은 페리에르 주교에게 전달되었고, 마더 데레사가 수도회를 설립하고 10년이 지난 1960년 페리에르 주교가 사망한 뒤로는 그 후임자들에게까지 전달되었다.

 그러나 이 요구는 그 시대의 사료들이 대중들에게 알려져서는 안 된다는 이유로 계속 거부당했으며, 관련 자료들은 수도원에 귀속되었다. 결국 판 엑셈 신부는 나중에 나이가 많이 든 뒤에야 이 자료들을 그녀에게 주었는데, 분량이 두 개의 상자를 가득 채울 정도였다고 한다. 이중 일부는 마더 데레사가 숨아냈다.

 바티칸의 사료보관소에 있는 사료들은 마더 데레사의 시성諡聖 과정이 아직 종결되지 않았기 때문에 열람할 수 없다. 국가 사료보관소에 있는 사료를 열람하려면 막대한 여행 비용을 들여야만 한다. 사랑의 선교회는 수도회의 사료에 접근하게 할 수 없다고 주장한다.

사랑의 선교회 선교사들

데레사의 수도회에 들어가기 전 일정한 기간 동안 수련을 거치는 수련수녀들의 지위가 교황에게 인정을 받은 것은 1950년 10월 7일이었다. 앙리 신부와 판 엑셈 신부는 마더 데레사와 함께 예수회의 내용에 가깝게 수도회 회헌을 만들었는데, 이는 주로 로레토 수녀회의 규칙에 준하는 것이었다. 이에 대한 허가를 받는 절차는 페리에르 주교가 담당하기로 하고 허가 신청서를 로마로 보냈다. 교황 비오 12세는 그 수련수녀들에게 콜카타 주교좌의 주교 수도회의 지위를 허가했다. 이 수도회는 '사랑의 선교회'로 명명되었고, 페리에르 주교의 휘하에 있게 되었다.

1950년 12월 3일, 마더 데레사는 이 수도회의 원장직을 맡게 되었다. 1952년 4월 첫 수련수녀 그룹이 이 수도회에 들어왔고, 1953년 4월 그들은 첫 번째 유기서원을 마쳤다. 이 수도회는 1953년부터 콜카타에서 가장 좋은 지역에 자체적으로 본원을 두게 되었다. 그 건물은 페리에르 주교가 파키스탄으로 급히 떠나려던 모슬렘에게서 헐값에 사들인 것이었다. 이 단체의 영적인 지도자 역할은 예수회 회원인 에드워드 르 조이가 담당했다.

설립된 지 8년이 지나자 사랑의 선교회 선교사들은 교황 요한 23세로부터 콜카타의 주교 관구 밖에 사랑의 선교회 분원을 세위도 좋다는 허가를 받았다. 본래 교회법에 따르면 이는 10년쯤 지나야 가능한 일이었다. 이 수도회가 교황령에 따른 단체로 인정받은 것은 1965년 2월로 교황 바오로 6세 때였다. 이때 세상의 어느 지역에나 분원을 세울 수 있도록 허가를 받았다. 예수회와 마찬가지로 사랑의 선교회 역시 교황의 지도 아래 있게 되었다.

수도 서원인 청빈·정결·순명과 함께 이 수도회에 소속된 회원들은 가난한 자들 중 가장 가난한 자들에 대한 봉사의 서원을 한다. 이 서원을 함으로써 이들은 일에 대한 보수를 받지 않으며, 사회로부터 소외되어 생존의 위협 속에 있는 자들을 거두고, 그들과 함께 자신의 삶을 살아가는 의무를 지게 된다. 그럼으로써 이들은 가장 가난한 상황, 특히 험난한 삶을 선택한 것이다.

그러므로 이 수도회에 들어오기 위해서는 사전에 좀 더 긴 자기 시험 기간을 가져야 한다. 관심이 있는 사람들은 2주 동안의 '와서 보라'라는 체류 기간을 거치면서 경험을 해 볼 수 있다. 그다음 반 년 동안은 지원자로서 수도원 공동체에서 생활하게 되는데, 이때 근본적으로 자신의 결정에 대해 충분히 생각해야 하고 수도회의 국제 공용어인 영어를 배워야 한다. 수녀들은 영어로 의사를 소통하고 기도를 하게 되어 있다.

수도 생활에 진입하는 입문이자 수도회에서 정해 놓은 과제 기간인 1년의 지원기 후에는 2년 동안의 수련 생활이 이어진다.

수련수녀에 대한 교육은 콜카타, 로마, 마닐라, 나이로비, 샌프란시스코, 바르샤바에서 진행된다. 1년씩 3차의 수련 기간을 마치고 그중 마지막 3주간을 자신의 가족과 보내면 종신서원을 하게 된다. 모든 수녀들은 1년에 한 번 이그나티우스에 의해 만들어진 영성 수련을 수행한다.

많은 수녀들은 수도회 내부에서 필요로 하는 업무들을 수행하기 위해 직업훈련을 받을 수 있다. 수도회는 이런 방식으로 지출될 재정을 절약하기 때문에 많은 다른 수도회에서도 일상적으로 이런 일들이 진행된다.

그런데 마더 데레사는 자신의 수녀회 활동과 직접 관련되지는 않지만 그들과 함께 일하는 평신도나 수도회에 도움을 주는 조직들로부터 조언을 받거나 일의 결정 과정에 간섭을 받지 않았다. 또한 수도회의 구성과 조직이나 운영에 다른 어떤 기관의 영향력도 미치지 않게 하려고 했다. 그래서 마더 데레사의 수녀회에 소속된 몇몇 수녀들은 의사, 법률가뿐만 아니라 교사, 사회복지사, 보육사 또는 매니저로서의 교육도 받을 수 있었다.

사랑의 선교회 수녀는 푸른 줄이 세 개 있는 하얀 사리로 된 수녀복 세 벌과 속옷 두 벌, 카디건 한 벌, 그리고 한 켤레의 샌들 이상을 소유하지 않는다. 외투와 우산은 공동재산이다. 개인적으로 소유할 수 있는 물건도 묵주 하나, 기도서, 왼쪽 어깨에 거는 수도회를 상징하는 십자가, 금속으로 만든 숟가락, 천으로 만든 주머니 한 개가 있을 뿐 그 이상은 없다.

　청빈에 대한 서약을 실행에 옮기기 위해 수녀들이 공동으로라도 텔레비전이나 신문, 컴퓨터, 세탁기를 소유하는 것을 금지한다. 그래서 모든 수녀들은 매일 사리를 손으로 빨아야 한다.

　개인 전화도 금지되어 있고, 심지어 최소한의 사적인 영역을 유지하는 것도 금지된다. 그래서 수녀들은 한 공간에서 같이 자야 하고 원칙적으로 절대 혼자 다닐 수 없다. 어느 한 지역과 연고를 맺거나 긴밀한 교우 관계를 형성하는 것을 방지하기 위하여 모든 수녀들은 정기적으로 외국의 분원들을 옮겨 다닌다. 분원들은 매달 총장 수녀의 회람 편지를 받으며 대표자 모임의 범위에서 분원 간의 수녀 교환을 결정한다.

　이 수녀회의 분원은 통상 수녀원이 아니라 일반 집이나 도시 내에 일반 주거지 형태로 있는데, 이는 소속 수녀들이 자신들을 필요로 하는 세속 세계에 살면서 선교하기를 원하기 때문이다. 따라서 이 분원들은 대체로 주거 여건이 좋지 않은 지역에 자리를 잡고 있다. 한 분원에 평균 4~5명의 수녀들이 있기 때문에 그녀들이 어떤 전문 분야의 일만 하고 끝내는 경우는 드물고 전천후로 모든 일을 행해야 한다. 자연히 그 일들이 영향을 미치는 반경도 넓지 않다.

이 분원들의 모습은 대체로 하나의 일정한 공간적 일관성을 띤다. 제단을 갖추고 있고, "목마르다!"라고 쓰인 십자가가 걸려 있으며, 또한 동정녀 성모 마리아의 성화도 둔다. 이 공간에서 수녀들은 무릎을 꿇거나 바닥에 앉아 기도를 드리고 미사도 이곳에서 드린다. 그 옆에 붙어 있는 방은 방문객이 접근할 수 없는 공간인데, 분원 수녀들은 이곳에서 잠을 잔다.

사무실이나 부엌과 같은 다른 공간은 모두 그들이 선교를 행하는 공간이고, 이곳은 스파르타식으로 운영된다. 경영 문제는 각 지역에서 스스로 감당해야 하고, 이를 운영하는 데 어떤 비용도 발생해서는 안 된다. 행정 처리에 시간이 많이 쓰여서도 안 되고, 회계장부를 기입하는 일은 매우 제한적인 경우에만 행해진다.

이곳에서 일하는 데 필요한 중요 물품으로는 연필과 공책, 그리고 규모가 큰 분원의 경우에만 쓸 수 있는 타자기가 있다. 마더 데레사 시기에 본원에서는 그들이 관리하는 수녀회 조직이나 이들에게 도움을 주는 체제에 정통한 단 두 명의 수녀만이 위에서 언급한 필수품을 사용할 권한을 가졌다고 하는데, 후에는 그 권한이 세 명의 수녀에게 주어졌다.

여기서 중요한 것은 이러한 내용들이 항상 수녀회에서 제공한 설명에 따른 것이라는 점, 마더 데레사의 전기에서 항상 긍정적으로 평가되었다는 점이다. 또한 다음의 이야기들처럼 마치 하나의 과장된 기적처럼 들리는 이야기들이라는 점이다.

> 인도에만도 170개 이상의 학교, 노숙인의 쉼터, 그리고 두 개의 결핵인 마을이 있는데, 이들을 포함하여 전 세계 모든 대륙에 걸쳐서 4,600명의 수녀들이 운영·발전시키고 있는 이 대단하고도 효과적인 구호사업 전체를 위한 행정 작업을 단 두 명의 수녀가, 그것도 오래되어 기능이 떨어진 타자기를 사용해 진행했다.
> — Feldmann

사랑의 선교회의 하루 일과는 묵상과 선교회의 일을 가능한 한 규형 있게 진행하는 데 목적을 두고, 특히 '하느님에 대한 봉사'와 '인간에 대한 봉사'로 일과를 양분해 다음과 같이 규칙적으로 엄격하게 진행한다.

4시 40분 기상
5시 기도
5시 45분 강론을 곁들인 매일 미사 후 아침 식사와 집안일
8시 10분~12시 30분 선교회 일

12시 30분 점심 식사 후 휴식

14시 30분~15시 성경 읽기와 종교적인 명상 후 차 마시는 시간

15시 15분~16시 30분 성찬의 의미를 담은 기도

~19시 30분 선교회 일을 한 후 저녁 식사

21시 밤 기도

21시 45분 저녁 휴식

 그들은 자신들이 가난한 자들을 돌보는 동안에도 그 일이 하느님과 관련이 있다는 점을 지속적으로 묵상하고, 누리지 못하는 결핍의 고통을 이런 방식으로 기쁘게 생각하고 견딜 수 있도록 기도하는 것을 당연하게 여긴다.

예수와 마리아의 원죄 없으신 성심을 공경하기

 마더 데레사가 사랑의 선교회 수도회를 '티 없이 깨끗하신 성모 성심'에 봉헌했고, 선교회의 모든 기도소에는 이와 관련된 것들을 가능한 한 저렴하고 일상적인 수준으로 갖추게 했기 때문에 이 수도회의 영성을 이해하려면 반드시 이런 신심 행사의 역사와 그 본질을 살펴보아야 한다. 이는 사랑의 선교회가 열성을 다해

조심스럽게 행하는 예수 성심 공경과 직접적인 관련이 있는데, 이 것은 수도회에서 설치한 그에 해당하는 성화들에서도 이와 관련된 표현을 발견하게 됨으로써 알 수 있다.

수녀들은 예수 성심 대축일과 티 없이 깨끗하신 성모 성심 축일에 총장에게서 회람용 편지를 받으며, 예수 성심과 성모 성심을 공경하기 위해 금요일에 성시간을 지낸다. 그들은 또한 골고다 언덕에서 예수가 겪은 고난을 묵상하기 위해 5월은 성모성월, 6월은 예수성심성월로 정하여 기념한다.

이미 앞에서 언급한 대로 마리아 데레사는 스코페에 살던 청소년기부터 예수 성심과 마리아 성심을 공경하는 예수회적인 유형들을 신뢰했다. 두 가지는 모두 마더 데레사의 생각 속에서 고통받는 예수와 그를 사랑하는 성모에게 다가가는 영적인 접촉의 방식으로 기능했다.

서로에 대한 사랑을 통해 발생하게 되는 인간 영혼과 하느님의 신비로운 합일은 성경에서도 근거를 찾을 수 있다. 바로 요한 1서 4장 16절의 "하느님은 사랑이십니다. 사랑 안에 있는 사람은 하느님 안에 있으며 하느님께서도 그 안에 계십니다." 하는 구절이다. 또한 예수 성심을 인간을 구원한 자의 사랑의 상징으로, 그리고 신적인 지혜의 흔적으로 이해하는 것 역시 성경에서 근거를 찾을 수 있다. 예수의 옆구리 상처에서 나온 피와 물은 교회의 가르침에 따라 생명의 원천을 의미하는 것이 되며, 여기서 신성한 은총과 교회가 기원한다.

그런데도 원래의 예수 성심 공경은 13세기에 와서야 비로소 그와 관련된 신앙적 실천과 호소들을 확인하면서 존재성을 드러내게 되었다. 예수의 상징으로서의 심장이 아니라 창에 찔려 고통받는 예수의 육체에 있는 심장이 이 신심 행사의 출발점인 동시에 중심이다.

그 중심에는 인간 때문에 고통받는 예수의 사랑에 대한 성찰이 자리 하고 있는데, 이를 통하여 자신의 영혼 치료를 위해 예수가 준 사랑에 대한 대가로 그에 대한 사랑을 불붙게 하고, 고통받는 성심이 하느님의 사랑으로 평온해지게 하는 것이 목적이다.

예수 성심을 하느님을 사랑하는 인간의 마음과 한데 합쳐서 녹이는 것, 매번 다른 사람에게 자신의 사랑을 부어 넘치게 하고 자신의 심장을 상대의 심장 위로 흘러넘치게 하기 위해 서로의 심장에서 피를 쏟아내는 것, 영혼과 하느님의 신비로운 결합을 향한 열망으로 인한 심장의 고통 등의 중심적인 생각들은 이미 오래전부터 예수 성심의 시에서 나타나는 내용이다.

이런 시를 지은 사람 중에서 수백 년 동안 일인자로 평가받는 사람은 시토 수도회의 베른하르트 폰 클레르보이며, 그는 이런 시 중 가장 오래된 『Summi Regis cor aveto』(1241년에 사망한 프레

몽트레회 소속의 헤르만 요셉이 쓴 시로 '지극히 높으신 왕의 성심이여 하레하나이다' 라는 뜻)에 덧붙여서 썼다. 단지 베른하르트를 모방한 것처럼 보이는 시인 『신비로운 포도나무 줄기 Vistis mystica』는 중세에 있었던 성심 공경의 종합이라 할 수 있는데, 이 시에서는 다른 것들과 더불어 버림받음과 오욕으로 인해 죽음에 이르기까지 고통을 받으면서 동정을 호소하는 고통 속의 예수를 묘사하고 있다.

사랑의 선교회 수녀들은 모든 고통받는 자들, 고통 가운데 고독하게 내버려진 자들 속에서 골고다 언덕 위의 예수, 또는 십자가 위에서 고통받는 예수의 모습을 찾아야 한다고 믿었다. 수녀들의 이러한 확신은 유사 베른하르트적인 특징을 지니는 성심 숭배에서 기원한다. 수녀들은 가난한 자들 중 가장 가난한 자들에게 행하는 자신들의 선교 활동을 통해서 모든 사람들에게서 소외된, 형언할 수 없을 만큼 큰 고통 속에 놓인 예수를 보살피고 위로하는 것이다.

그리고 그녀들의 논리에 따르면, 하느님의 사랑 안에서 고통으로 피 흘리고 있는 자신들의 심장은 그것을 위해 자신의 모든 것을 희생할 능력이 있다는 것이다. 동시에 이러한 처지에 놓인 사람들의 고통을 직접 바라보는 행위를 함으로써 자신들의 마음을 하느님에 대한 사랑으로 불타오르게 할 수 있다는 것이다.

예수의 고통과 가난한 자들 중 가장 가난한 자들의 고통을 동일시하는 이런 인식은 성경에서도 인정된다. 그 근거는 마태오 복음 25장 40절의 "분명히 말한다. 너희가 여기 있는 형제 중에 가장 보잘것없는 사람 하나에게 해 준 것이 바로 나에게 해 준 것이다."라는 구절이다.

16세기 중반, 예수회는 그때까지는 단지 수도원 차원에 머물고 있던 성심 공경을 신자들과 단체들이 실행하는 대중적인 민간 신심 행사로 변화시켰다. 그리고 예수 성심상, 예수 성심께 드리는 기도, 예수 성심 묵주, 예수 성심가 등 신심 행사에 도움이 되는 많은 도구들을 확산시켰다.

이들은 다음의 두 사례와 같은 방식으로 이러한 신심 행사의 성행을 불러일으킨 것으로 드러났다.

하나는 피터 카니시우스가 1544년 수도회에 입회하던 날 아침, 로마에 있는 성 베드로 대성당 제대에서 그 유명한 예수 성심 환시를 체험했다는 것이다. 그 환시에서 예수는 자신의 심장을 열어 그로 하여금 생명의 피를 마시도록 했고, 독일에서 이 성심 공경을 위해 선교하라는 사명을 그에게 주었다는 것이다.

다른 하나는 이 성심 공경을 확산시키는 데 결정적인 추진력을 제공한 것으로 마르가리타 마리아 알라콕이 체험한 유명한 예수 성심 환시이다. 이 사건은 그녀가 자신의 고해신부인 예수회 소속 클로드 드 라 콜롬비에르와 장 크루아제에게 비밀스럽게 털어놓음으로써 알려졌다. 마르가리타의 체험에 따르면, 예수가 예수 성심 공경의 확산을 원했으며, 이 체험 과정에서 일정하게 정해진 의식의 형태를 어렴풋이 드러냈을 뿐만 아니라 교회가 예수 성심 축일을 지낼 것을 요구했다고 한다.

이는 그리스도의 성체 성혈 대축일[4]을 교회가 도입하는 데 결정적인 역할을 한 뤼티히의 율리아나가 환영을 본 것과 동일하게 구성된 성인전류의 내용이다. 율리아나가 현시를 매달 첫째 금요일에 체험했기 때문에 이날을 예수 성심 금요일이라고 하는데, 그녀가 체험한 환시에 따르면 하나의 형상 속에서 예수가 그녀의 심장을 들어내서 자신의 것과 맞추었고, 그러고 나서 다시 그녀에게 돌려주었다는 것이다. 율리아나 수녀는 이 환시를 통해서 예수가 인간의 심장 모습을 하고 있는 자신의 신적인 심장에 대한 공경을 요구했고, 이를 위한 의식을 통해 하느님에 대한 사랑을 표현하기를 원했다고 주장했다.

이런 종류의 의식에서는 중세적인 전통과는 달리 주로 보속이 중요시된다. 즉, 인간에 대한 사랑으로 인해 죽음의 고난까지 겪어야 했던 예수의 고통은 인간이 그에 상응하는 사랑을 줌으로써 응분의 보상을 받는다는 것이다. 종교 의식을 치르는 과정에서 보면 예수 성심 금요일에 미사를 봉헌하고 신자들이 성체

---
[4] 가톨릭에서 예수의 성스러운 몸과 피를 기념하는 축일 – 역주

를 받아 모심으로써 이런 보상이 이루어지는 셈이다.

미사를 동반한 예수 성심 공경 의식을 교황이 인정하고 이를 고유한 종교적 의무로 정한 것은 1765년에 와서였다. 이 시기 이후 예수 성심 공경은 예수회를 통해 전 유럽에 확산되었다. 예수 성심 축일의 도입은 로마 교회 내부에서 여러 가지 이유로 극심한 반대에 부딪혔다. 축일에 대한 성경상의 전거가 약하다는 점과 도대체 예수 성심 공경의 주요 대상이 무엇이어야 하는지, 그에 대해 어떤 신학적 근거를 댈 수 있는지가 불분명하다는 이유에서였다.

결국 1856년에 와서야 예수 성심 축일이 전체 교회에 도입되었고, 1889년에는 대축일로 기념되기 시작했으며, 1928년에 이르러서는 8일 축제[5]로 지내는 대축일이 되었다. 마르가리타 마리아 알라콕은 1864년에 시복되었고, 1920년에는 교황에 의해 성녀로 인정되었다. 그리고 1899년에는 교황이 전 세계를 예수 성심께 봉헌한다고 선포하였다.

이런 자료들을 통해서 우리는 19세기 중반까지 신학적인 논쟁의 주제가 되었으며 예수회에 의해 반反종교개혁적 신자 계몽 차원에서 활용되었던 예수 성심 공경이 마더 데레사의 유년기에 어째서 전에 없는 호황을 누렸는지 알 수 있다. 거기에서 진행되는 보속의 범위는 마더 데레사가 선교사가 된 해인 1928년 이래

---

5) 부활, 성탄처럼 대축일 전날부터 다음 일주일까지 8일 동안 지내는 축제 – 역주

마더 데레사가 사랑의 선교회 수녀들과 알바니아에 들어서고 있다.

로 예수의 고통과 굴욕을 기도를 통해 감소시키는 데만 제한되지 않고 일상생활과 옷차림의 무절제와 무치無恥, 죄 없는 자를 향한 유혹, 하느님에 대한 비방, 교황이나 사제에 대한 조롱, 성체성사에 대한 모독, 교회에 대한 불경과 공격이라는 죄의 보속까지도 허용했다(교황 비오 11세).

일반 신자들이 예수 성심 공경에 열광하는 경향은 제2차 세계대전 이후 갑자기 종식되었고, 예수 성심상像 등과 같이 신심 행사에서 보조적인 역할을 담당했던 것들은 단순히 모양이 예쁜

모조 예술품으로 전락하고 말았다. 교황 비오 12세는 이러한 경향에 대한 대응으로서 1956년에 발표한 회칙 「Haurieties aquas」에서 예수 성심 공경을 모든 전통적인 신비주의로부터 해방시켰다. 그리고 이 회칙을 통해 그는 이전에는 찾아볼 수 없었던 명확한 어조로 예수 성심 공경을 육신적인 동시에 상징적인 형태를 띠는 구세주의 인간적·신적인 성심을 공경하는 것으로, 그리고 그가 인간에 대해 품었던 가없는 사랑의 표현으로 묘사했다.

그럼에도 불구하고 이를 기념하는 대축일은 1960년에 폐지되었고, 속죄 기도와 예수 성심 봉헌을 실행하라는 지시는 더 이상 내려지지 않았으며, 속죄에 대한 생각은 1970년대에 두드러지게 감소했다. 교황 바오로 6세나 교황 요한 바오로 2세 모두 사제들이나 평신도에게서 예수 성심 공경이 거의 잊혀져 가는 상황을 제어할 수 없었다.

티 없이 깨끗하신 성모 성심에 대한 공경은 17~18세기에 예수회에 의해 대중화된 신심 행사의 하나였다. 이것은 예수 성심 공경을 보완하는 것이었고, 그것과 마찬가지로 신학적으로는 논쟁거리였지만 마리아 성심 공경은 널리 확산되어 1668년 공식적으로 인정받았을 때는 이미 대중화해 있었다. 대중적인 책자, 기도, 그림들 그리고 이를 공경하는 신심 단체가 만들어지면서 이런 양상들은 강화되었다.

　이에 대한 신학적 근거를 찾는 일은 예수 성심 공경의 경우와 마찬가지로 같은 예수회에서 진행하였다. 그중 하나인 요한 에우데스(1601~1680)는 1909년 그에 대한 공로로 시복되었고 1925년에는 성인으로 추대되었다. 그 신심 행사는 중세 말기에 진행되었던 예수 성심 공경과 일치했는데, 거기에서는 마리아의 육신적인 심장이 마리아가 하느님과 인간에게 준 순수한 사랑의 상징으로, 그리고 내적인 신성성의 상징으로 간주되었다.

　교황 비오 9세는 티 없이 깨끗하신 성모 성심 축일을 1855년에 승인했다. 이해는 마리아의 원죄 없는 잉태라는 교의를 도입한 다음 해였고, 이때부터 이 축일은 고유한(신앙적인) 의무와 미사가 동반되는 축일이 되었다.

　이 축일이 만들어진 이래 더 많은 마리아의 발현이 이루어졌고, 그중 마리아가 자신의 성심에 세계를 봉헌할 것을 요구했다고 전해지는 파티마의 발현도 1917년에 있었다. 그다음의 발현은 1942년에 와서야 비로소 있었다. 티 없이 깨끗하신 성모 성심 축일이 인정된 것은 1942년이었다. 이 축일 역시 예수 성심 축일과 마찬가지로 갑작스럽게 의미가 상실되어 갔고, 제2차 바티칸 공의회 이후에는 거의 행해지지 않았다. 또한 이에 대한 신학적 근거를 제시하는 노력이 오늘날에 와서 다시 빈약해졌다.

성심 공경의 역사를 살펴보는 것은 성인전적인 열광이 아닌 다른 측면에서 마더 데레사의 영성의 근원을 설명하는 하나의 방식이 될 수 있다. 마더 데레사는 예수회적인 대중 선교의 범주에서 발전하고 있던 성심 공경을 자기 수도회의 정신적인 중심으로 끌어들였고, 자신이 가진 예수회적 영성에 부합하는 하나의 수호성인으로 선택했다. 이러한 성심 공경 성향은 마더 데레사의 청소년기에는 무척 새로운 것이어서 1870년에서 1932년까지 독일어권에서 출간된 예수 성심 관련 서적만 해도 대략 1,200종에 이를 정도였다.

1950년 수도회가 설립될 당시에는 제2차 바티칸공의회가 준비 단계에 있었기 때문에 사람들이 시대에 부합하는 수호자에 대해 매우 제한적으로만 이야기할 수 있었고, 그나마도 그 이후로는 더 이상 할 수 없었다. 사랑의 선교회 내에서 이루어진 것과 같은 성심 공경, 성시간, 마리아 신심 행사 등은 19세기 이후로 계속 일부 수도회에서 지켜지던 것들이었다.

마더 데레사의 영적인 세계의 핵심에 와 닿았던 것은 속죄에 대한 생각이었는데, 이는 전통적으로 예수회가 행해 온 예수 성심 공경과 연결되어 있었다. 교황 비오 9세도 1918년과 1932년에 속죄 행위의 중요성을 강조했지만, 그의 후계자들은 교회 전례 주요 부분에서 이를 제외시켰다.

마더 데레사는 고통받고 있는 예수에게서 모든 인간을 위한 구원의 문이기도 한, 사랑으로 인해 피 흘리는 예수의 성심으로 향하는 통로를 발견했는데, 이는 단순한 상징이 아니라 거의 육신적인 통로였다. 고통받는 예수는 모든 가난한 자들 중 가장 가난한 자들에게서 대신 표현되고 있었다. 고통받고 있는 성심으로 다가가는 것은 예수를 대신 표현하고 있는 사람들에 대한 사랑 어린 봉사인 위로와 동감, 상처 돌보기 등을 통해 이루어질 수 있었다.

사랑의 선교회 수도자들은 이런 생각에 기초해 기도와 이웃 사랑을 위한 봉사를 행함으로써 예수의 상처의 고통을 감소시킨다. 그들은 이를 통해 자신과 세상의 죄를 속죄하고, 이런 방식으로 예수의 '열려 있는 심장의 상처'를 넘어 그의 사랑이 담긴 심장에 도달하게 된다.

예수에 대한 그들의 사랑은 예수의 고통의 크기와 그들이 그 고통을 감소시키는 방식에 따라 비례적으로 증가한다. 사랑의 선교회 수도자들은 평생 동안 예수의 고통을 감소시킴으로써 예수의 성심에 다가가기 위해 그에게 사랑의 봉사를 제공하는 것이므로 자신들이 행하는 일을 사회사업이라 부르기를 거부한다.

사랑의 선교회 소속 수녀들이 가난한 자들 중 가장 가난한 자에게 봉사하면서 항상 안중에 두고 기도해야만 한다는 이 속죄 행위의 모델은 예수 성심 공경 경향을 강화시켰다. 마더 데레사는 예수 성심 공경을 선교회 내의 묵상을 통해 선교 활동을 하는 곳이나 육체적인 봉사 활동을 통해 선교 활동을 하는 곳 모두에 일관되게 도입했다.

간혹 이 두 영역의 일들은 성심 공경이라는 논리의 범주 안에서 서로 경계 없이 이 가치를 추구하는 일에 목적을 두고 활동을 진행하였다. 그리고 이들 모두는 고통받는 이웃들을 통해 대신 표현되고 있는 고통 속의 예수에게 나아가는 정신적 통로를 선택하게 된다.

여기서 당연히 제기되는 질문은, 사랑의 선교회 수녀들이 매일 예수의 고통을 감소시킬 때 왜 마더 데레사는 자신의 수도회를 예수 성심에 봉헌하지 않았는가 하는 점이다. 마더 데레사는 이 문제에 대해 공개적으로 언급하지 않았지만, 그럼에도 불구하고 추측해 볼 수 있는 이유로는 티 없이 깨끗하신 성모 성심이 가지는 인도자로서의 상의 기능이 더 크기 때문이라는 것을 들 수 있다. 왜냐하면 마리아의 성심이 순수하고 그 영혼이 죄로부터 자유로우며, 예수가 십자가의 고통에 처해 있는 동안 정신적인 고통을 견뎌내야 했기 때문에 그녀는 구세주의 성심으로 다가가는 직접적인 경로인 것이다.

사랑의 선교회 수녀들은 자신들의 마음을 순수하게 유지하는 일과 구세주에게 다가가는 행위를 위해 일생 동안 투쟁한다. 이를 위해 예수의 대리인인 가난한 사람들과 고통을 함께하고 그들을 위해 자신들을 희생한다. 이 과정에서 마리아의 모범적인 모습은 그녀들이 이 일을 하도록 동기를 부여하고, 그런 이유로 그녀들이 급할 때 가장 즐겨 하는 기도가 "티 없이 깨끗하신 성모 성심 우리의 기쁨의 근원이시여, 우리를 위하여 빌어 주소서."이다.

일반적으로 사람들은 전통적인 은유로서 수녀들을 '예수의 신부'라고 이야기하며, 예수를 '영혼의 신랑'으로 생각한다. 그렇다면 사람들은 수녀들과 예수 사이에 사랑의 관계를 설정하는 셈이 된다. 이는 세속에서 이루어지는 삶의 모양새를 본뜬 신비로운 결합이 완수되는 것이기도 한데, 티 없이 깨끗하신 성모 성심이 가진 수호자 자격을 통하여 이것이 훨씬 더 분명히 복제되는 것이다.

병에 시달리는 이들로 이루어진 협력자회

새로운 본원으로 옮기기 전, 그리고 1기 지원자들이 수련기에 들어가고 난 직후인 1953년 1월 마더 데레사는 '병에 시달리는 이들로 구성된 협력자회'를 만들고 운영 책임을 벨기에 출신 친구인 재클린 드 데커에게 맡겼다. 재클린은 1946년에 마드라스의 슬럼가에서 수도자가 아닌 속인의 신분으로 사회복지사 일을 했는데, 그녀는 이 일을 맡음으로써 사리를 두르고 가난한 자들 사이에 살며 땅에서 잠을 자야 했다.

1948년, 한 예수회 소속 수사를 통해 사랑의 선교회 계획을 알게 된 직후 재클린은 데레사가 의학 기초 지식을 습득하기 위해 가 있던 파트나로 찾아갔다고 한다. 하지만 사랑의 선교회에 발을 들여놓기도 전에 심하게 아파서 고향인 안트베르펜으로 돌아가야만 했다.

1952년, 재클린은 마더 데레사에게서 편지 한 통을 받았다. 마더 데레사는 편지에서 비록 재클린이 병으로 인해 육체적인 고통 속에 있기는 하지만 사랑의 선교회 수녀들을 위해 기도하고, 이런 방식으로 수녀들을 영원한 죄와 명상의 부족함으로부터 보호하고, 그녀들이 고통받는 예수로 여기고 보호하는 이교도들의 죄를 씻게 하고, 그럼으로써 그들의 영혼을 구제할 수 있게 되도록 도와주기를 바란다고 부탁했다.

　　이곳의 일은 정말 어마어마하게 많습니다. 이 일들을 하려면
　　나와 같이 일할 사람들이 필요한 것이 사실입니다. 하지만 실

제로 일할 사람이 필요한 만큼 이 일을 위해 기도하고 고통을 같이 감당해 줄 당신과 같은 영혼도 필요합니다. 당신은 몸은 벨기에에 있지만 영혼은 우리 구세주를 바라는 영혼들이 있는 인도에 있게 될 것입니다.

그러나 어느 누구도 그들이 처한 어려움에서 놓여나는 데 필요한 돈을 지불해 주지 않기 때문에 그들은 예수께 가까이 다가갈 수 없습니다. 만약 당신이 그들이 진 빚을 청산해 준다면 당신은 사랑의 선교회의 진정한 선교 수녀가 될 것입니다. 한편으로 당신의 자매들, 그 사람들을 돕고 있는 그 자매들은 예수께 육체적으로 더 가까이 가게 됩니다.

고통을 감내하면서 우리를 도울 수 있는 많은 사람들이 저에게 필요합니다. 우선 하늘나라에는 영광스러운 공동체, 정신적으로 어린아이들인 세상의 고통받는 사람들의 공동체, 이런 봉사를 위해 전방에 서서 투쟁하는 자매들의 공동체가 필요합니다.

당신은 육체적으로는 당신의 나라에 있으나 영적으로는 인도와 동시에 세계의 선교사가 될 수 있습니다. 당신은 이를 행복하게 생각해야 합니다. 왜냐하면 당신을 지극히 사랑하셔서 자신의 고통의 일부를 당신에게 넘겨 주시는 하느님이 선택하신 사람이기 때문입니다.

힘내시고 기뻐하십시오. 그리고 우리에게 많은 도움을 주셔서 우리가 하느님을 향해 많은 영혼들을 이끌고 갈 수 있도록 해 주십시오. 당신이 일단 이곳의 영혼들과 만나게 되면 그 만남에 대한 갈급함이 더 커질 것입니다.

― Spink, p.170

재클린은 그 사명을 수용했고, 육체적 고통을 분담하는 가운데 마더 데레사의 기도 공동체에 가담하기로 하였다. 이 공동체의 목적은 이를 통해 사랑의 선교회의 모든 구성원들이 '제2의 자아'를 가지게 되고, 이 제2의 자아를 "그녀들과 같이 기도하고 고통을 느끼며 생각하고 그녀들과 하나가 되게" 하는 데 있었다.(Spink, p.171)

병에 시달리는 이들로 구성된 협력자회는 육체적인 고통과 기도를 통해 수녀들과 다른 모든 가난한 사람들에게 쌓여 있는 죄를 예수가 경감시키도록 하는 동기를 제공한다. 협력자들의 아픔과 고통이 크면 클수록 그들의 기도는 더욱 효과를 나타낸다. 그래서 마더 데레사는 이렇게 말했다.

"하지만 나에게 더 소중한 사람들은 육신이 마비된 사람, 불구자, 치유될 수 없는 질병을 가진 사람들입니다. 왜냐하면 그들은 많은 영혼을 예수의 발 아래로 데려가기 때문입니다."(Spink, p.171)

마더 데레사의 생각에 따르면, 기도하는 사람들이나 고통을 같이하고자 하는 사람들도 선교 활동을 같이하는 셈이 된다. 왜냐하면 그들이 그리스도교를 세계에 전달하고, 이를 통해서 세계의 죄악을 감소시키는 역할을 하기 때문이다. 병든 사람과 기도하는 사람들은 사랑의 선교회 수녀들, 가난한 자들과 아울러 자기 자신도 성스럽게 한다. 왜냐하면 병들어 있는 동반자에게는 당연히 활동하고 있는 수녀들의 기도와 고통 분담이 도움을 주기 때문이다.

성당의 십자가에 새겨진 "목마르다!"라는 구절 역시 예수와 사랑의 선교회 수녀들, 그리고 병들어 고통받는 협력자들을 죄에서 벗어나게 하려는 공생의 구조를 떠올리게 한다. 마더 데레사는 이를 위해 성작聖爵 그림을 사용했다. 이 그림에서는 예수의 심장에 난 상처에서 흐르는 물과 피를 받아서 담은 성작으로 성체 성사를 표현하고 있다.

우리 사랑의 선교사들이여······.
당신들이 고통을 위하여 존재하고 우리는 일을 위하여 존재한다는 사실이 얼마나 감사해야 할 일인지.
우리는 예수님 안에서 부족한 부분을 서로 완성시킨다. 비할 데 없이 아름다운 소명이 우리 사이에 나뉘어 있다. 예수님의 사랑의 심부름꾼으로 우리는 슬럼가로 간다. 희생을 하는 당신들의 삶이 성작이고, 또한 우리의 기원祈願이 성작이며, 당신의 고통과 우리의 과업은 포도주, 즉 순결한 성혈이다.
우리는 함께 서서 성작을 같이 받들고 있으며, 기도하고 있는 천사들과 공동체가 되어 영혼을 향한 그의 불타는 듯한 목마름을 진정시킨다.

— Spink, p.173

예수가 자신의 심장의 피를 고통의 성작에 흘러가게 하듯이 그렇게 수녀들과 협력자회는 그들의 과업과 기도를 희생의 성작 안으로 흘러들게 한다. 그리하여 마치 모든 미사에서 예수의 피가 인간의 죄 사함을 이끌게 되듯이 그들의 희생의 포도주(그들의 기도와 행위)가 목말라 고통받고 있는 예수를 향하게 함으로써 예수가 자신의 고통에 대한 만족을 얻게 된다.

이것이 마더 데레사의 생각이었다.

사랑의 선교회의 병에 시달리는 이들로 구성된 협력자회는 1953년에 와서 그들의 회칙을 받았다. 1955년에 사랑의 선교회에 속한 수녀들은 48명이었는데, 이들은 모두 재클린을 통해 고통 속에서 기도하는 제2의 자아를 소개받고 그들에게 서신을 보낼 수 있었다. 그들은 스스로 기도하고 사랑의 선교회를 위해 고통을 받았다. 그리고 그들은 마더 데레사가 죽기 한 해 전인 1996년에 그녀가 40번의 수술을 한 이후 그동안 3,000명으로 늘어난 이 협력자회의 지도권을 아난드 자매에게 넘겼다.

1974년, 마더 데레사는 사랑의 선교회 수녀들의 자선 활동을 위한 기도들을 통하여 수녀들을 격려해 주어야겠다고 결심하고 '일반' 수도회들에 사랑의 선교회의 모든 지부를 위하여 기도와 봉헌을 해 줄 것을 요청했다. 그리고 1년이 채 지나지 않아 프랑스 지역 협력자회 회장인 고레 신부의 도움을 받아 사랑의 선교회를 위해 기도와 봉헌을 해 줄 400개의 후원 수도회를 확보할 수 있었다 한다.

Chapter
03

콜카타에서 오슬로로

콜카타와 인도

초반기에 마더 데레사가 만든 수도회가 빠르게 확산될 수 있었던 것은 다음의 두 가지 요인 때문이다.

첫째는 관찰의 대상이 되는 1950년에서 1990년 사이에 인도의 경제적·사회적 상황이 매우 황폐화해 있었다는 점이다. 이 시기에 마더 데레사가 상대적으로 언론에 모습을 자주 드러낸 것은 그녀가 정부나 대주교와 좋은 관계를 맺은 덕분이었다.

인도의 빈곤의 원인과 이에 대한 정부의 대처를 마더 데레사가 초기에 세운 계획들과 연관시키는 것은 사실 그 연관 관계를 확대 해석한 것일 수도 있다. 그렇지만 마더 데레사와 관련하여 다음과 같은 지적은 충분히 의미가 있다.

즉, 마더 데레사에 대한 성인전적 저술들은 인도 정부가 빈곤한 사람들에 대해 구호 조치를 취했다는 사실을 함구하고 있다는 점이다. 그 저술들에서는 비단 인도 정부의 조치뿐만 아니라 구호를 목적으로 이루어진 서구 국가들의 개발 지원, 국제 개발 원조 기구들이나 그리스도교회의 자선단체들이 행한 기부와 원조 행위 또는 서구의 사회사업의 성과들과 수많은 프로테스탄트 계열 선교 교단의 업적들에 대해서도 침묵하고 있다.

이런 방식으로 서구 여론들은 마치 마더 데레사가 인도의 빈곤에 최초로 관심을 가지고 이에 대한 세계의 관심과 열정을 불러일으킨 것처럼 암시적으로 몰아갔다. 이러한 예의 하나로 독일 정부가 개발원조 맥락에서 5억 마르크 정도를 들여 인도 로르켈라에 국영 제철소를 세워 3만 7,000명의 일자리를 창출한 사실을 들 수 있다. 이는 마더 데레사의 활동과는 무관한 것이었다. 실제로 1980년을 전후해서 인도 국가 차원의 조직과 국제 원조 조직이 콜카타에만 200개 이상이 있었는데, 그중에는 인도에서 가장 큰 원조 조직인 '라마크리슈나 미션[6]' 도 있었다.

의도적인 것이기는 했지만 마더 데레사에 소속된 기구는 상대적으로 규모가 작았고 시설도 매우 조악했다. 반면에 이 조직은

---

[6] 인도 종교인 라마크리슈나가 사망한 뒤 설립되어 세계 각지에 그의 가르침을 전파했다. — 역주

세계에서 가장 유명했고, 따라서 금전적 수단에서는 매우 풍족한 조건을 갖추고 있었다. 마더 데레사를 둘러싼 조직들은 활동 면에서 제한성을 가지고 있었지만 인도 정부는 처음부터 마더 데레사와 함께했다. 후에 이에 대한 정보가 세계적인 규모의 언론을 통해 세계에 전달되면서 이 가난한 나라에 풍족한 기부의 물결이 밀려왔다.

마더 데레사와 사랑의 선교회 수녀들은 세계를 다니며 활동했고, 그들에게 국경을 초월한 관심과 연민을 느끼게 했던 인도의 초기 모습들은 마더 데레사가 선교사들과 함께 활동을 시작했을 무렵의 가장 가난한 콜카타의 모습이었다. 대콜카타 지역에는 인도 분할 이후 파키스탄과 방글라데시에서 온 수천 명의 피난민이 주거지나 일자리를 얻지 못한 채 자리를 잡고 있었다. 그들은 길거리나 운하의 방죽 또는 기찻길 주변에서 살았고, '거리의 거주자'로 불리었다.

1974년의 경우 거리의 거주자는 3~4만 명으로 추산되었다. 콜카타에 있는 약 3,000개의 슬럼가에는 230만 정도로 집계된 사람들이 나무나 양철 또는 천이나 종이로 만든 천막 속에서 생활했다. 평균 3.5제곱미터의 공간에 4.1명이 생활했고, 1971년에 1제곱킬로미터 내에 있는 몇 개의 슬럼 지역에서 40만 명이 살고 있었다. 이런 천막이 콜카타에만 평균 3만 개가 있었고, 이곳에

사는 성인의 약 90~95%가 문맹이었다.

  인도 전체의 인구는 1961년에서 1971년에 거의 60%가 증가했고, 1980년까지 다시 30%쯤 증가했다. 인도 정부는 1961년에 관련 기구를 하나 만들어 이곳에서 슬럼 개선 프로그램을 짜고, 국가적인 개발관청이 이 프로그램을 맡아 진행하게 했다. 여기에는 비국가적인 조직도 함께했고 그리스도교 복지 조직(국제적인 것도 있었다)도 함께 참여했다.

  콜카타 시는 마더 데레사의 요청을 받아들여 1954년 8월 15일에 칼리가트의 한 칼리 사원 옆의 비어 있던 순례자 숙소를 넘겨주고, 그곳에 마더 데레사가 가난한 사람들을 위한 임종자의 집을 세울 수 있게 했다. 이곳의 운영을 위해 시에서는 매년 15만 루피의 경비를 제공했다. 마더 데레사는 이 시설의 설비를 단순하게 했기 때문에 허가를 받은 지 일주일 뒤 티 없이 깨끗하신 성모 성심 축일에 맞춰 '니르말 흐리다이(순결한 마음이라는 뜻)'라는 명칭으로 활동을 시작할 수 있었다.

  남녀 환자들은 각각 두 개의 커다란 침실에 분리되어 금속으로 만든 낮은 간이침대에 누였다. 모든 환자는 천으로 만든 침상용 깔개나 이불 없이 플라스틱[7]으로 만든 침대보와 베개 그리고 수의를 받았다. 가족이 없어서 도움을 받을 수 없는 사람들과 병원에서 받아 주지 않는 사람들만이 니르말 흐리다이에서 임종

---

[7] 부드러우며 접는 것이 가능한 화학 소재로 만든 섬유―역주

을 맞을 수 있었다. 이곳에 있는 환자들은 대개 그때까지 의료적인 도움을 충분히 받지 못해 죽음을 맞게 된 사람들이었다.

오늘날 니르말 흐리다이는 마더 데레사가 운영한 기관들 중 가장 유명한 기관이다. 그래서 수없이 많은 유명인들이 찾아와 이곳에서 진행하는 의무적인 프로그램에 참여했고, 또한 자신의 의지에 따라 보수 없이 봉사하려는 많은 사람들을 전 세계에서 끌어들였다.

니르말 흐리다이는 가장 단순한 수단으로 죽어가는 사람들이 미소지으면서 인간답게 생을 마칠 수 있도록 노력하면서 이 일을 즐거운 마음으로 해내고 있는 수녀들에 대한 초기의 언론 보도로 세계적으로 알려졌다. 오늘날에도 마더 데레사의 그림 전기들에서 그 모습을 살펴볼 수 있다.

그런데 사랑의 선교회 수녀들이 대개 그리스도교인이 아닌 상태로 죽어가는 환자들에게 비상세례[8]를 행한다는 비난을 접하자 인도 정부와의 조화로운 관계 유지를 중요시하던 마더 데레사는 격분해서 이를 부정하는 대응을 했다.

니르말 흐리다이에서는 다양한 종교와 그들의 다양한 죽음 및 장례 의식을 존중한다. 그들의 통계에 따르면, 사랑의 선교회 수녀들은 니르말 흐리다이의 형태로 전 세계에서 150개 정도의 죽음의 집을 운영 중이라고 한다.

---

[8] 가톨릭교회에서 사고나 급환으로 죽을 위험에 처한 사람이 세례 받기를 원할 때 사제를 대신하여 예식을 생략하고 주는 세례를 말한다. 대세代洗라고도 한다. – 역주

마더 데레사의 다음 프로젝트의 실현 역시 정부의 개입을 통해 가능했는데, 특히 그녀가 이를 위해 접촉한 사람은 서부 벵갈의 정부 수반이었던 로이였다. 여기서 말하는 다음 프로젝트란 '시슈 바반(때묻지 않은 어린이의 집)'이라고 하는 어린이집 사업으로 시슈 바반은 1955년 9월 23일에 개원했다.

이 사업은 1955년에 첫 시설이 설립된 이후 전 세계적으로 확산되어 100여 개에 이르게 되었다. 여기에는 학교, 기숙사, 병든 아이와 장애인, 그리고 유아들을 돌보는 육아 시설이 있다. 1975년에는 61개의 시설에서 5,000명의 아이들이 살았다고 한다.

이 시설들은 주로 가톨릭 교회가 국제적인 규모로 주선해서 모은 기부자와 후원자를 통해 필요한 기금을 충당했다. 1975년 이후에는 국제적으로 '세계 어린이 복지기금'을 만들어 이곳을 통해 전 세계의 시설에 고루 배분하는 방식으로 필요한 자금을 충당했다.

일생 동안 낙태 반대를 위해 싸운 마더 데레사는 나중에 이 아이들의 집에 아이를 낳아 맡기기를 원하는 여성들을 위한 분만실도 만들었다. 나중에는 '프로인판트 pro infante' 같은 조직을 넘어서 국제 입양 알선에도 동참했다.

인도에서 이 수녀회가 행한 일 중 다음으로 중요하게 다루어진 것은 나병을 극복하기 위한 싸움이었다. 나병은 약으로 쉽게 치료되기 때문에 의료적인 부분에서는 큰 문제로 여겨지지 않았다. 문제는 인도의 많은 지역에서 이 병이 전염병이고 고칠 수 없는 것으로 간주된다는 점, 그리고 이 병에 걸리면 가족은 물론 사회와 직장에서도 외면과 배척을 당하는 결과를 가져온다는 점이었다. 인도 정부도 당연히 이 문제를 파악하고 나병 기금을 조성하는 한편 '나병의 날'을 제정하는 등 노력을 기울였다. 나아가 마더 데레사의 청을 수용해 나병 치료 병원을 세울 토지를 제공하기도 했다.

이런 노력이 성과를 거두기까지의 기간 동안 마더 데레사는 1957년 미국에서 기증한 구급차량과 한 전자회사가 기증한 1만 루피로 '움직이는 나병 병원'이라 불리는 이동 진료소를 만들었고, 페리에르 주교가 이 차량에 축복을 했다.

그 당시 열대 질병을 전문으로 치료하는 카마이클 종합병원에는 힌두계 나병 전문가 센 박사가 있었는데, 그가 사랑의 선교회 수녀들에게 나병을 치료하는 방법을 가르쳐 주었다. 이렇게 해서 1958년 1월에는 이미 약 600명의 환자들이 이동 진료소에서 정기적으로 치료를 받게 되었다.

그 뒤 언론들이 이에 대해 보도하고 외국에서도 이를 알리는 일이 이어지면서 이런 움직임을 계기로 기부금이 늘어났고 이동 진료소의 숫자도 많이 증가했다. 그 결과 1959년 3월, 페리에르 주교는 이동식이 아니라 정식 건물이 있는 마더 데레사의 나병 병원을 축복할 수 있었으며, 이는 티타가르에 센터를 두고 있었다. 그리고 보도에 따르면 이 병원이 개원하는 날 인도 사회의 엘리트들과 240명의 나병 환자들이 참석했다. 이곳의 재정은 폴크아트 파운데이션 트러스트가 맡았고, 해당 시의회에서는 병원을 세울 대지를 이용할 수 있게 해 주었다.

사랑의 선교회는 1959년에 콜카타 외곽 지역에 정주하도록 허락을 받았는데, 이 수도회는 이때 이미 해당 정부든 해당 교구든 인도 어디에서나 환영을 받았다. 그녀가 국제적인 복지 조직과 좋은 관계를 맺고 있어 어디에서든 혜택을 가져다주는 것으로 알려졌고, 이런 관계들이 사랑의 선교회를 인기 있는 기관으로 만들었다.

마더 데레사는 수녀들을 먼저 란치, 뉴델리, 잔시, 뭄바이로 파견했다. 사랑의 선교회가 운영하는 기구들은 모두 대중과 여론의 주목을 많이 받았다. 예를 들면 뉴델리에서 아이들의 집이 개원할 때는 크리슈나 메논 보건장관과 자와할랄 네루 국무총리, 쿠타트 스위스 대사가 참석하기도 했다.

사랑의 선교회가 교회법에 따라 승인을 받기 전, 또한 국제적인 확산이 허락되기도 전인 1964년에 인도 정부는 마더 데레사에게 34모르겐의 토지를 주어 나병 환자를 위한 도시를 만들 수 있도록 하였다. 이에 필요한 자금은 국제적인 기부 기관이 제공했는데, 자금의 출처에는 독일의 슈테른징어도 포함되어 있었다. 마더 데레사는 이 시기에 이미 세계적인 유명 인사였다.

교황 바오로 6세는 인도를 방문했을 때 하얀 리무진을 마더 데레사에게 선물했다. 마더 데레사는 대중들 앞에서 이 차에 탑승했는데, 이 일로 대중들은 그들이 하는 일에 깊은 인상을 받았으며, 이것은 이후 마더 데레사의 계획들을 진행하는 데 도움이 되었다. 즉, 이 일이 있고 나서 짧은 기간 안에 30개 이상의 건물이 세워졌는데, 그중 하나가 종합병원이었다.

독일 내에 있는 가톨릭교회의 자선기구이자 신앙의 확산을 목적으로 하는 '미시오'는 수도원과 성당을 만들 재원을 지원했다. 교황 바오로 6세의 이름이 붙은 거리·마구간·양계장·염소 우리·주거 건물과 작업을 진행할 건물을 건설했으며, 채소밭과 물고기를 기르는 연못도 만들어졌다. 이것들은 병자들이 직접 세공이나 직조 또는 뜨개질 등과 같은 가벼운 일을 하면서 돌본다는 아이디어에 기초를 둔 것이었다.

이 수도회에 속하지 않은 의사나 봉사자들도 순수하게 자신이 지향하는 바를 이루려는 동기에서 대부분 무보수로 이곳에서 일했다. 이 시설들에는 '산티 나가르'라는 이름이 붙었는데, 이는 '평화의 마을'이라는 뜻이다.

산티 나가르나 니르말 흐리다이, 병원, 시슈 바반에서 진행되는 일들은 그리 전문적이지 못했다. 그런데 이런 점이 마더 데레사의 전기에서는 오히려 호의적으로 수용되었다. 바로 그런 점에 하느님에 대한 그녀의 순수하고 근원적인 믿음이 나타나고 있었기 때문일 것이다.

하느님은 언제나 기적과 가장 가까운 방식으로 자신의 역사를 시행하게 했는데, 이것은 그의 고통받는 심장이 사랑을 통해서 통증의 완화를 기대할 수 있기 때문이라는 것이다. 이에 대해 스핑크Spink는 다음과 같이 썼다.

> 필수적인 약이나 처치 방법을 알고 있는 의사의 지식과 능력이 완전히 하느님의 섭리에 종속되어 있는 것처럼 수녀들의 삶 역시 그러하다. 죽음의 집에 수용되어 있던 사람들 중에서 점점 많은 사람들이 건강해진다면, 이는 '니르말 히르다이'가 병원보다 더 나은 의료적 도움을 줄 수 있기 때문이 아니다.
> 자원해서 봉사 활동을 하는 의사나 간호사들이 이곳에서 일을 하며 놀라는 경우가 자주 있는데, 그것은 수녀들이 자신들을 전염으로부터 보호하고 환자들 상호 간의 감염을 방지하기 위해서 지켜야 할 매우 기본적인 위생 규칙들조차 지키지 않는다는 사실을 알게 될 때이다.

사랑의 선교회 소속 수녀들은 임종 직전 썩어가는 사람의 몸을 만질 때 장갑을 낄 수 없다. 그리고 나병 환자를 대할 때도 한 팔 길이 이상의 거리를 두고 대할 수 없다. 왜냐하면 그녀들은 예수의 몸을 돌보고 있는 것이기 때문이다.

얼마나 열심히 얼마나 효과적으로 다른 사람(환자)을 돌보느냐 하는 것이 중요한 게 아니라, 얼마나 많은 사랑을 그 행위 안에 담고 행하느냐 하는 것이 중요하다. 사랑의 선교회 수녀들은 사회복지사가 아니다. 이것이 단순히 의미하는 것은 마더 데레사를 걱정해서 그런 봉사를 준비하는 것이라는 사실이며, 그들의 과제는 '세상 안에서 묵상하는 사람들'로 살아가는 데 있기 때문이다.

제3세계에서 시작해 제2세계와 제1세계로

사랑의 선교회를 설립한 지 10년째 되는 1960년부터 마더 데레사는 정기적으로 세계를 여행했다. 이해에 그녀는 처음으로 미국으로 날아갔다가 유럽으로 갔는데, 이 여행의 목적은 바티칸과 가톨릭의 구호 기구들로부터 도움을 받은 데 대해 현지에서 고마움을 표하는 데 있었다. 거기에는 독일 카리타스연합과

옥스퍼드의 기아구호위원회 등이 포함되어 있었다. 그 외에도 라스베가스에 있는 '국립 가톨릭 여성위원회'의 외국구호위원회의 부탁으로 강연을 하기로 되어 있었다. 이 조직은 미국 내 120개 교구의 약 1천만 명의 여성들을 대표하는 조직이었다.

어떻게 이런 접촉이 가능했는지, 누가 왜 마더 데레사를 도왔는지에 대해서는 성인전에서도 언론 보도의 내용에서도 추적해 알아낼 수가 없다. 그러나 수많은 예들에서 알 수 있는 것은 마더 데레사가 매우 짧은 기간에 인도의 저명한 기구나 국제기구의 신뢰를 받았으며, 그 대표자들과 관계를 형성하고 도움을 받았다는 사실이다. 마더 데레사는 1962년에 이미 인도에서 두 번째로 높은 훈장인 파드마쉬리 훈장을 받았는데, 이때 훈장을 수여한 사람은 그녀의 지인이었던 자와할랄 네루였다.

그 밖에도 그녀는 같은 해에 필리핀의 국가원수에게서 막사이사이상을 받았다. 필리핀은 인구의 83%가 가톨릭인 나라로 마더 데레사는 2만 달러를 부상으로 받았다. 또한 보스톤에 있는 전국가톨릭발전회의에서 주는 착한 사마리아인 상을 수상하기도 했다.

사랑의 선교회가 교회법이 인정하는 수도 공동체로서 회헌을 인가받고 난 뒤 마더 데레사는 본격적으로 세계 선교를 진행했다. 그녀가 최초로 분원을 세운 나라는 베네수엘라였는데, 이는 바르

퀴시멘토의 크리스풀로 베니테즈 대주교의 초청을 받아 이루어졌다. 이 일은 그 당시 인도의 교황 사절이었고 나중에 멜버른의 대주교가 된 녹스의 추천으로 이루어졌다.

베네수엘라의 코코로테에 세운 시설을 재정적으로 지원한 사람은 바르톨로메 로메로 아구에로 총독이었다. 마더 데레사는 코코로테에 몇몇 수녀들을 파견했는데, 이들이 이곳에서 빈곤에 처한 가톨릭 신자들을 위해 수행해야 할 선교 봉사의 범위는 다양했다. 여기에는 바느질, 영어 강습, 첫 영성체를 위한 교리교육, 질병 있는 자 돌보기 등이 포함되었다.

그다음 분원은 스리랑카의 콜롬보와 탄자니아의 타보라에 세워졌다. 로마에는 1968년 이래 교황 바오로 6세의 초청으로 사랑의 선교회가 진출해 있었다. 교황이 마더 데레사에게 비행기 티켓 한 장과 1만 달러를 보냈고, 그녀는 이것을 기반으로 사랑의 선교회 수녀들을 로마로 보낼 수 있었다고 한다.

마더 데레사는 사랑의 선교회가 로마에 정주하고 있는 약 1,200개의 여성 수도회 중 하나가 된 것을 자랑스럽게 여겼다. 그녀는 다음 해에 자신의 로마식 집을 사랑의 선교회 행정 건물의 서쪽 가운데에 세웠다.

이어서 보로케(오스트레일리아 뉴사우스웨일스, 1969), 멜버른(1970), 요르다니안(1970), 런던(1970), 뉴욕(남부 브롱크스, 1970) 그리고 벨파스트(1971)에 분원이 세워졌다. 하지만 벨파스트의 경우 수녀들은 1973년에 그 도시를 떠나라는 종용을 받기도 했다.

마더 데레사는 에티오피아 황제인 하일레 셀라시에[9]를 용서하기 위해 사랑의 선교회 소속 수녀들을 에티오피아에도 계속 보냈다. 그곳에 있는 건물은 한 기업의 장이 수녀들에게 쓰도록 허락한 것이었고, 수녀들은 생계를 스스로 해결해야 했다.

마더 데레사는 원칙적으로 분원에 보조금을 지원하지 않았다. 이 원칙의 예외는 공산주의 국가에 있는 몇몇 경우에만 적용되었을 뿐이다. 수도회는 언제든 교단의 재정에 부담을 주지 않는 곳이나 활동하는 수녀들에게 주교나 정부의 지원이 이루어지는 곳으로 이동할 준비를 갖추고 이를 진행했다.

그들의 자료에 따르면 인도에 있는 사랑의 선교회에는 1967년 당시 약 250명의 수녀들과 20개의 분원이 있었다. 1975년에는 90개의 분원에 1,135명의 수녀들이 이 수도회 소속으로 봉사하고 있었다고 한다. 마더 데레사가 노벨 평화상을 수상하던 1979년에는 세계적으로 1,187명의 수녀들과 411명의 수련수녀, 120명의 지원자들이 158개의 분원에서 생활했다고 한다.

수도회의 활동 프로그램은 주로 가장 간단한 수준의 의료·사회봉사 활동을 포괄하고 있었다. 즉, 집 없는 사람들에게 잠자리를 제공하고, 가난한 사람들에게 음식 봉사를 행하며, 병든 사람

---

[9] 1916년 쿠데타로 정권을 잡았으나 이탈리아군의 침략으로 영국으로 망명했고, 1941년에 돌아와 황제 독재에 반대하는 군사 쿠데타로 1974년 폐위되었다. ─ 역주

들을 보살피고, 아이들을 보육하는 등의 원조를 중심으로 수도회의 계획을 세웠다.

마더 데레사는 점차 많은 분원들을 서구 세계로 확대해 갔다. 이를 위해서는 그녀가 본래 제3세계의 물질적인 빈곤과 관련해서 만든 개념인 '가난한 자들 중 가장 가난한 자들'이라는 개념을 확대시킬 필요가 있었다. 서구 세계에서 그녀가 도움의 대상으로 삼은 사람들의 범주에는 마음이 가난한 자(마태오복음 5장 3절), 사회적으로 소외된 자, 사회의 주변 경계에 있는 자, 깊은 회의에 빠진 자, 마약에 빠진 자들이 포함된다.

마더 데레사는 서구 세계에서 십자가에 달리신 예수를 대변하는 사람들은 육체적 고통보다는 정신적 고통을 겪고 있다고 생각했던 것이다. 그들도 사랑에 목말라 있으며, 이 사랑을 사랑의 선교회 수녀들이 줄 수 있다는 것이 그녀의 생각이었다.

하지만 그들이 행하는 사랑의 봉사는 서구에서도 거의 비슷하게 진행되었다. 가난한 사람에게 음식 봉사하기, 밤에 잠자리 제공하기, 병든 사람과 어린아이 돌보기, 신앙적인 지도 등의 봉사는 선교회 수녀들 대부분이 외국어 실력이 부족해 이들과 언어적 교류가 어려운 가운데서도 도움을 받는 사람들이 호응하는 한도 내에서 진행되었다.

마더 데레사는 특히 미국 사람들의 칭송을 받은 '임종자를 위한 집'을 통해 서구 사회의 사람들 사이에서 당시에는 거의 관심 밖에 있었던 면역결핍 질환, 즉 에이즈AIDS의 공포에 대항해서 계몽 활동을 펼쳤다. 이 활동을 통해 그녀는 에이즈 환자들이 겪는 정신적·육체적인 어려움을 받아들이고, 수도회 소속 수녀들로 하여금 그에 적절한 방식의 이웃 사랑의 봉사를 진행하도록 하였다. 그 과정을 보면 다음과 같다.

1985년, 로널드 레이건 대통령이 미국에서 민간인에게 주어지는 가장 권위 있는 상인 '자유의 메달'을 마더 데레사에게 수여했다. 이해에 마더 데레사는 미국의 그리니치빌리지에 '에이즈의 집'을 세웠고, 당시 언론은 이를 '맨해튼의 기적'이라고 칭송했다. 마더 데레사는 워싱턴 대학병원의 한 의사에게 에이즈라는 질병에 주목할 수 있는 동기를 제공했다.

이 집의 시설은 마더 데레사의 '임종자를 위한 집'과 비교해서 언급할 가치가 있을 정도로 차이가 있지 않았고, 이 시설의 경우도 앞에 언급한 시설과 유사한 목적을 위해 봉사하도록 되어 있었다. 그렇기 때문에 그것을 준비하는 데 짧은 시간을 소요한 뒤 크리스마스에는 '사랑의 선물'이라는 이름으로 사업을 수행할 수 있었다.

마더 데레사가 최초로 병자성사[10]를 해 준 세 환자는 그녀가 싱싱 교도소를 방문했을 때 환자들의 인수를 청원함으로써 받을

---

10) 가톨릭교회에서 사고나 중병, 고령으로 죽음에 임박하거나 큰 수술을 앞둔 신자가 받는 성사 – 역주

수 있었다. 이 시설에 들어갈 수 있는 사람은 에이즈 환자로서 더 이상 손쓸 방법이 없고, 돌봐 줄 사람도 없으며, 죽음을 눈앞에 두고 있어 클리닉에도 머무를 수 없는 사람들, 그럼으로써 이른바 가난한 자들 중 가장 가난한 자들에 속하는 사람들뿐이었다. 이 집에는 14명의 환자가 있었는데, 이들은 다만 임시변통으로 약물 치료를 받을 수 있었으며, 5명의 수녀들이 이들을 돌보았다. 환자들은 수녀들을 통해 교리교육과 종교적인 의식을 하면서 죽음을 준비했지만, 누구도 이에 참여할 것을 강요받지는 않았다.

1986년, 로널드 레이건 대통령의 부탁으로 두 번째 에이즈의 집이 문을 열었다. 그곳의 대주교가 이를 위해 사용하도록 5헥타르에 이르는 대지와 건물을 제공하였다. '평화의 선물'이라고 명명된 이 시설은 에이즈 환자들이 죽음을 준비하는 집으로만 이해되지는 않았는데, 이는 사실상 그러했다. 오히려 죽을병에 걸린 노숙자들을 받아들였던 것이다.

그 뒤를 이어 급속하게 샌프란시스코(1988년 6월), 콜로라도의 덴버(1989년 12월), 에티오피아의 아디스아바바(1989년 3월)에 '평화의 선물'이 계속해서 문을 열었다. 그런데 수도원적인 환경이 죽어가는 사람들의 생각과 항상 일치한 것은 아니었다.

마더 데레사에 대해 성인전적으로 쓴 글들에 따르면, 수도회가 설립되고 처음 15~20년 동안의 기간이 즉흥성, 감동, 자기희생의 이상적인 시기로서 특별히 중요한 의미를 지닌다. 인도에서의 활동, 특히 콜카타에서의 활동이 이러한 의미에서 관심의 중심에 있다.

대체로 이런 글에서는 마더 데레사가 외국에 분원을 내기 위해 노력하는 과정에서 진행한 교섭들이나 그 공동체들의 역사, 그들의 일상과 현지에서의 문제점들, 심지어 어쩌면 있었을지 모르는 선교 활동으로서의 성공 여부 등은 찾아볼 수 없다.

데레사의 일대기를 새로이 서술하려고 하는 시도들은 모두 이 시절의 많은 일화들을 다루고 있지만, 거기에서도 다음과 같은 사실을 분명히 하고 넘어가지는 않는다. 즉, 그것들이 사실은 전기적인 전형들을 너무 많이 보여 주고 있으며, 증명될 수 있는 것들이 아니므로 자기 확신에 찬 믿을 만한 언급들은 아니라는 점이다. 그것들은 "콜카타 현장에서 직접 행동으로 실천하는 마더 데레사의 영혼"이라는 특징으로 가득 차 있으며, 이것이 그녀가 했던 다른 모든 사업의 성격을 대표한다.

심지어 '시슈 바반'을 처음 연 날이나 '니르말 흐리다이'의 설립 날짜도 불분명하다. 비록 그런 전기들이 마더 데레사가 직접 쓴 것이 아니라 서술을 위임해서 쓰여진 것이기는 하지만, 그녀의 주변을 몇 년 동안 관찰하면서 쓰여졌고 그녀가 서술 작업에 참여했음에도 불구하고 이런 점들은 불분명하다.

이 때문에 정말 왜곡될 수 있는 점은, 그녀의 인생 중에서 신화적으로 묘사된 초기에 지나친 의미를 두는 반면 그 뒤에 이어진 한 여성의 삶 속에 있는 40년은 간과된 경향이 있다는 것이다. 즉, 그 40년 속에서 의연하게 세계를 돌아다녔던 마더 데레사라는 여성 자체, 그리고 미디어의 관심 안에 존재했고 가톨릭의 이름으로 이야기했으며 현 시대의 가장 중요한 상들을 수상했던 그 여성의 시간들은 단지 급하게 써 내려간 피상적 부분에 불과해져 버렸다.

마더 데레사가 받았던 수많은 상과 명예학위의 가치 뒤에 이를 이뤄내기 위한 어떤 접촉들이 있었고, 어떤 정치적 고려가 작용했는지에 대해서는 그녀가 지나간 여행 경로를 통해 부분적으로 재구성해 볼 수 있을 뿐 어디에서도 사실관계를 읽을 수가 없다. 이런 서술의 논리에서는 거기에 대해 묻는다는 것이 그 자체로 신앙심에 대한 모독이 될 것이다.

왜냐하면 마더 데레사는 이웃 사랑의 신념을 위해 살았고 그것을 대외적으로 표현하면서 살았던, 시간을 초월한 이웃 사랑의 초상으로 다루어지고 있기 때문이다. 또한 그것으로 인해 세속이나 종교 세계를 막론하고 상으로 치하와 존경을 받았고, 이 때문에 전 세계 사람들의 주목을 받았기 때문이다.

방송 스타 수녀

만약 마더 데레사가 처음부터 그녀를 좀 더 널리 알려지도록 배려해 준 대주교나 정부 옆에 서 있지 않았다면 그녀가 새로 세운 수도회는 다른 많은 수도회와 마찬가지로 별다른 주목을 받지 못했을지도 모른다. 마더 데레사의 수도회가 생기기 전에도 이미 많은 수도회가 있었지만, 이 수도회들은 그녀의 수도회보다 훨씬 적은 재정으로 일을 진행하면서 가난한 자 중 가장 가난한 자를 위한 사회·의료적 봉사라는 하느님의 섭리를 내세우지 않았던 것이다.

인도에 있던 세 개의 가톨릭 신문 〈헤럴드〉, 〈뉴 리더〉, 〈이그재마이너〉는 처음부터 마더 데레사의 수도회에 대해 보도했다. 비록 이 신문들의 영향력이 미치는 범위가 그리 넓지는 않았다 해도 마더 데레사의 명성은 인도의 일반 신문들을 통해서도 점차 주목을 받았고, 그녀의 업적은 저명인사들의 눈길을 끌었다.

마더 데레사는 인도의 주요 신문 중 하나인 〈스테이츠먼〉의 편집자 데스몬드 도이와 친구 관계였는데, 이는 오랜 기간에 걸쳐 마더 데레사에 대한 보도가 눈에 잘 띄는 지면에 비중 있게 게재되는 기회로 이어졌다. 도이는 심지어 마더 데레사를 위해 1976년에 매우 감정적인 전기를 쓰기도 했고, 이는 여러 언어로 번역되었다. 도이는 이 전기에 마더 데레사와 사랑의 선교회 수녀들이 가난한 자들 중 가장 가난한 자들을 위해 활동하고 있는 사진을 실었다.

서구에서는 이미 1951년 이래로 〈가톨릭 선교〉와 같은 잡지가 마더 데레사에 대한 내용을 실었다. 이 잡지는 믿음을 확산시키기 위한 교황청 직속의 언론 매체로서 교회 기구들에 마더 데레사를 알리는 일을 위해 늘 노력했고, 외국으로부터 그녀에게 전달될 지원의 출처를 개발하는 일도 했다.

그런데 이와는 달리 모든 전기에서는 마더 데레사가 가난한 자들이나 그녀의 자매들에게 꼭 필요한 물품마저 조달할 수 없을 만큼 어려움을 겪은 것으로 표현되어 있다. 그리고 나서 이에 대한 기도를 하고 나면 하늘로부터 선물이 왔다고 적는다. 즉, 돈이나 현물이 알려지지 않은 후원자에게서 보내져 왔다는 것이다.

심지어 수도회에서 필요로 하는 대지를 구할 때도 마더 데레사는 그저 하느님의 섭리에 자신을 맡겨 두기만 하면 되었다. 이를테면 가끔씩 그녀가 수도회를 위해 필요한 땅에 동전이나 메달을 던지면 며칠 내에 이를 구매할 기회를 갖게 되었고, 거기에 필요한 돈은 '우연한 행운'으로 제공되었다는 것이다.

이런 식의 전기적인 창작은 마더 데레사가 접촉하는 사람이나 조직적인 연결망, 그리고 그녀의 사적 영역을 보호하는 역할을 하게 되었고, 그녀의 활동을 하느님의 섭리나 하느님의 작품으로 나타나게 만들었다.

교회 내에서는 1985년에 추기경이 된 인도 방갈로의 로르두사미 대주교가 마더 데레사를 세계적으로 알리는 데 근본적으로 기여를 했다. 로르두사미 대주교는 1971년에 로마로 전임하여 1973년에 인류복음화성 장관으로 임명되었는데, 이 직책을 맡은 후로 그는 매주 세계 선교에 관한 기사를 전하는 잡지인 〈믿음 통신〉에 마더 데레사에 관한 기사를 다루었다. 마더 데레사는 이 기사에서 그리스도교적인 이웃 사랑의 이른바 '세계적인 상징'으로 칭송되었다.

하지만 마더 데레사의 명성을 국제적으로 확산시키는 데는 이런 글보다는 텔레비전과 언론의 역할이 컸다. 이들은 교황 바오로 6세나 에드워드 케네디 같은 저명인사가 마더 데레사를 방문한 일, 그녀가 최고 권위를 지닌 상이나 훈장을 수여받은 일 등을 보도했다.

이런 일들은 마더 데레사의 명성을 세계적으로 드높이는 데 무엇보다 중요한 의미를 지닌다. 그와 같이 명예로운 일들을 적자면 많은 지면을 할애해야 하지만, 여기에서는 1979년의 노벨상 수상과 같은 중요한 사건들에 대해서만 언급하기로 한다.

서구 세계로부터 공식적으로 대단한 주목을 받은 최초의 표창은 2만 5,000달러의 기부와 함께 수여된 바티칸의 '요한 23세 평화상'이었다. 1971년, 교황 바오로 6세는 카메라 세례가 쏟아지는 가운데 마더 데레사에게 이 상을 수여했다. 이 상은 장차의 교황들이 동구권 정책을 시행하는 데 일종의 교두보를 의미했던 교황 요한 23세의 회칙 '지상의 평화'(1963)와 관련이 있다. 이 회칙은 사회주의 국가들과의 접촉을 진전시키는 것이 민중의 평화로운 공동생활의 기초가 된다는 것을 밝힌 선언이었다.

같은 해에 워싱턴에 소재하는 조지프 P. 케네디 주니어 재단이 마더 데레사에게 2만 5,000달러의 상금이 부상으로 주어지는 상을 전달했다. 이 재단의 목적은 이미 태어났거나 아직 태어나지 않은 정신장애아와 그의 가족을 위해 도움을 제공하는 것이었다. 이러한 목적은 마더 데레사의 구제사업 내용과 일치하는 동시에 그녀의 낙태 반대 활동과도 부합했다.

1972년, 마더 데레사는 국제 협조와 화해를 위한 자와할랄 네루 상을 받았고, 이것으로 인도 정부는 인도가 국제적인 개발원조를 받게 된 데 대한 감사를 표현했다. 1973년, 에든버러의 공작 필립 공과 여왕 엘리자베스 2세는 종교적인 발전을 확대하기 위해 만든 템플턴재단에서 새로 조성된 템플턴 상을 마더 데레사에게 수여했다. 그녀는 자신의 봉사 활동을 통해 세계 여론의 눈을 콜카타의 집도 보호자도 없이 내던져진 아이들에게 돌리게 하고, 이에 대한 도움의 방법을 실천했기 때문이다.

마더 데레사는 이외에도 이해에 로스앤젤레스에서 '성녀 루이즈 드 마리악 상'을, 메릴랜드에서는 금메달을 수여받았다. 또 인도 정부로부터는 세계 어디든 다닐 수 있는 무료 비행기표를 받았다. 그리고 다음 해에는 예멘 수상으로부터 예멘공화국의 명예검을 받았으며, 미국에서 재속 프란체스코회가 주는 '어머니와 교사상'을 받았다. 이 상의 명칭은 교황 요한 23세의 같은 이름의 회칙을 떠올리게 하는데, 그 회칙은 경제력 면에서 차이가 있는 국가들 사이에서 사회적인 공정함이 동일하게 실현되기를 바라며 만들어진 것이다.

1975년, 로마에서 개최된 유엔의 식량과 농업에 관한 회의에서는 케레스[11] 메달을 제작했는데, 마더 데레사는 이 메달에 경작의 여신으로 새겨졌다. 이는 그녀가 제3세계의 기아에 맞서 행한 투쟁을 높이 기리기 위한 것이었다.

또한 같은 해에 그녀는 미국에서 몇 개의 권위 있는 상을 더 받았는데, 그중 하나로 인도에서 그녀가 펼친 활동에 대한 보상으로 미국의 소리 센터에서 주는 명예봉이 있었다. 그리고 윌밍턴에 있는 북캐롤라이나 대학에서는 '알버트 슈바이처 상'을 수여했고, 워싱턴에서 오보일을 통해 '국립 원죄 없이 잉태되신 마리아의 외침'이라는 상을 상금과 함께 수여했다. 또한 캐나다에 있는

---

11) 로마신화에 나오는 곡물의 여신으로 그리스신화의 데메테르와 동일시된다. – 역주

예수회 계열의 성프란시스사비에르 대학 법학과에서는 마더 데레사에게 명예박사 학위를 주기도 했다.

이외에도 마더 데레사는 뉴욕의 한 종교지도자 회의에 참가해 많은 종교 대표자들 앞에서 그리스도교계의 대표로서 강연을 했다. 그리고 멕시코시티에서는 유엔 국제 여성의 해 회의에서 교황 바오로 6세를 대리해 '사회에 있어서의 여성과 가족'이라는 주제로 가톨릭의 관점에서 발표를 하였다.

그다음으로 마더 데레사는 당시 인디라 간디가 총장으로 있던 비스바-바라티 대학에서 명예박사 학위를 받았다. 여기서 받은 학위는 고통받는 사람들을 보살피는 그녀의 업적을 보상하는 최고의 표창 중 하나였다. 같은 해에 미국의 아이오나 뉴로셀 대학에서도 명예박사 학위를 받았다.

1976년 히로시마 원폭 투하 기념일에 필라델피아에서 '예수, 굶주리고 있는 세계를 위한 삶의 빵'이라는 주제 하에 열린 세계 성체대회에서 마더 데레사는 백만 이상의 텔레비전 시청자와 200명의 신학자들 앞에서 낙태 문제에 대해 이야기할 기회를 가졌다.

1977년에는 케임브리지 대학 신학과에서 명예박사 학위를 하나 더 받았다. 또한 국제 카바렐리아 크리스티아나 연합의 '카발리에리 델 우마니타 상'을 받고 '인간성의 여기사'로 명명되었다.

그리고 이때 우주인 루이 암스트롱과 어깨를 같이하기도 했다.

1978년, 이번에는 필라델피아의 템플 대학에서 마더 데레사에게 또 하나의 명예박사 학위를 수여했다. 그리고 50만 스위스프랑의 기부금이 부상으로 주어지는 발잔 상을 이탈리아의 산드로 페르티니 대통령에게서 전달받았다. 이 상은 국제 발잔재단이 주는 것으로 발잔재단은 '민중 안의 인간애, 평화 그리고 형제애'라는 명목으로 비정기적으로 특별상을 수여한다. 이 상은 정신과학과 자연과학의 범주 안에서 매년 수여하는 상의 상금보다 두 배나 많은 기부금을 부상으로 준다. 1961년에는 노벨재단, 1962년에는 교황 요한 23세, 1968년에는 유엔난민기구UNHCR, 1978년에는 마더 데레사, 1991년에는 아베 피에르, 1996년에는 적십자의 국제위원회, 2000년에는 파키스탄의 압둘 사타르 아부 리샤가 이 상을 받았다.

그런데 마더 데레사가 매우 예외적으로 많은 대중들에게 공감을 얻을 수 있도록 토대를 만든 것은 사실상 그녀에게 상을 준 위원회들이나 정부, 교회의 고위직이 아니라 영국 언론인 맬컴 머거리지였다. 1968년, 마더 데레사가 런던에 머무르는 동안 그는 콜카타에서 그녀가 하고 있는 일을 다룬 BBC 방송의 프로그램을 제작하면서 인터뷰를 했다. 이 일과 관련해서 머거리지는 이렇게 회상한다.

그 방송의 반향은 내가 아는, 그에 비교할 만한 다른 어느 프로그램보다 컸고, 방송 이후 마더 데레사에게 전달된 우편물과 기부도 엄청났다. 나에게도 몇 실링에서 수백만 파운드에 이르는 금액이 적힌 수표나 기부금 전달 용지가 들어왔다.

거기에는 젊은이, 노인, 부자나 가난한 자, 학식 있는 자나 배우지 못한 자를 막론하고 모든 종류의 사람들과 모든 관계의 사람들이 총망라되어 있었다. 모든 사람들이 이야기하는 것은 대개 비슷했다. 즉, 마더 데레사가 자신들에게 다른 사람과는 다르게 이야기하고 있다는 것이었다.

처음에는 거의 알려지지 않은 유고슬라비아 출신 수녀가 눈에 띄게 긴장한 모습으로, 그래서 약간은 잠긴 듯한 목소리로 일요일 저녁 텔레비전 앞에 앉은 영국 시청자들에게 나타났다. 그녀는 전문적인 그리스도교계의 대변인, 주교, 대주교, 방송 프로그램 진행자나 교회의 가운을 걸치고 요란한 소리를 내며 진행하는 시위 참여자들과는 다른 모습이었다. 그러나 곧 나를 포함한 모든 직업의 사람들에게 놀라움을 주었다.

그다음 해에 머거리지는 마더 데레사와 콜카타의 빈곤 지역 한가운데에 자리한 그녀의 초라한 분원에서 수녀들이 행하는 축복받을 일들에 대해 종교적 색채를 띤 일종의 다큐멘터리 형식의 프로그램을 만들어 방영했다. 그 프로그램은 산업화된 서구에서는 거의 생각할 수 없는 장면으로 시작했다.

이것을 방영하는 과정에서 여러 곳에 많이 인용되어 온 기적이 하나 발생했다. 카메라는 니르말 히르다이에서 죽어가고 있는 사람들을 촬영했는데, 이 촬영은 그전까지 한번도 본 적이 없는 빛 속에서 진행되었다. 이 현상을 머거리지는 하느님의 현존 현상이라고 묘사했다.

하지만 사실 그때 카메라맨은 새로운 코닥필름을 실험 삼아 사용했던 것인데, 이 부분은 당연히 그녀에 대한 신화적 서술들에서는 언급되지 않는다. 이 필름에는 '하느님을 위한 아름다운 것'이라는 제목이 붙여졌다.

머거리지는 1971년에 마더 데레사에 대해 쓴 책에도 이 제목을 썼는데, 이 책은 20판이 인쇄되고 13개 언어로 번역되었으며 30만 부 이상이 팔렸다. 그리고 이 책은 장차 쓰여질 마더 데레사에 대한 신화적 서술들에도 일종의 방향을 제시하는 역할을 했다. 그것은 사실과 기록을 일부러 흐릿하게 설정한 측면에 의해서뿐만 아니라 신화에 등장하는 예들과 일정한 선입견들을 이 책이 제공하는 부분에서도 그러하다.

흔히 머거리지의 위상을 언급하면서 그가 마더 데레사를 발굴했다고 이야기하는데, 이는 분명히 과장이다. 왜냐하면 마더 데레사는 그를 만나기 전인 1968년 이전에 이미 명예로운 자리에 올랐고 최고 훈장들을 받았던 것이다. 하지만 그녀가 서구 사회의 그리스도교인과 무신론자들, 자유주의자와 보수주의자들 모두에게 인기를 얻을 수 있었던 데는 분명 많은 부분에서 머거리지의 도움이 컸다. 머거리지는 대중에게 마더 데레사를 적극적으로 알렸으며, 그가 그녀를 하나의 좋은 '이야깃거리'로 알아챈 직감에서 영향을 받은 것은 분명하다.

머거리지는 20세기 말의 체스터톤[12]으로, 그리고 그리스도교계의 가장 영향력 있는 대변인 중 한 사람으로 평가된다. 왜냐하면 그는 사회주의적인 청소년 의식을 따르고 그리스도교적인 사고로의 복귀 과정과 가톨릭으로의 전환 과정을 겪은 사람이었기 때문이다.

평생 동안 지속된 마더 데레사와의 우정 속에서 형성되었고 정확히 그녀의 과업 주제들을 심화시킨 머거리지의 보수적이고 정통적인 믿음과 신앙 고백서들은 그에게 '성인 먹 St. Mugg'이라는 별명을 안겨 주었다. 그의 관점에 따르면 세속의 자유주의는 "모든 파괴적인 힘 중 가장 커다란 것"이다.

그는 '문화자유위원회 Congress for Cultural Freedom : CCF'의 후원을 받는 언론인에 속했으며, 그런 이유로 이 단체와 매우 긴밀한 관계였기 때문에 1971년에 마더 데레사가 노벨 평화상을 받을 것

---

[12] 20세기 초에 영국에서 활약한 가톨릭주의의 지도자 — 역주

을 예견했다. 그뿐만 아니라 그는 전 캐나다 수상이자 노벨상 수상자인 레스터 피어슨, 교황청 정의평화위원회, 그리고 성요한 기사수도회 회원들과 공조해 마더 데레사가 노벨 평화상을 받을 수 있도록 노력했다.

CCF는 매우 영향력 있는 조직으로서 1949~50년에 교사, 예술가, 무신론자, 자유사상가, 작가와 언론인, 심지어 반反아메리카 성향의 지식인들을 위해 결성되었다. 이 조직의 목적은 냉전 시기에 서구를 공산주의 또는 사회주의의 영향력으로부터 보호하고 비공산주의적인 좌파의 문화와 미국에 대해 우호적인 우파의 문화를 촉진하고 보호하는 데 있었다.

대체로 예술가적 · 이데올로기적이면서 좌파 성향을 띠어서 실제로는 현실 정치에서 영향력 확보를 기대하기 어려운 경향들을 재정적으로 지원하기는 했지만, 종교적으로는 물론 보수적인 경향을 보였다. CCF는 CIA의 감시를 받는 동시에 후원도 받았는데, 이 연관성에 대해서는 당연히 최소한의 회원들만 알고 있었다.

머거리지는 노벨상위원회가 제기한 질문, 즉 "어떤 구체적인 방법으로 마더 데레사가 세계의 평화에 기여했는가"라는 질문에 대답해야 했다. 그 질문에 대한 답으로서 그는 그녀가 모든 고통받는 영혼들 속에서 구세주를 보았고, 구세주를 따르듯 그 영혼들을 대했으며, 이로써 그녀는 자기 수도회의 수녀들과 함께 세상에 일종의 사랑발생기로서의 역할을 했다는 것, 그리고 이로써 개인적·집단적 힘으로부터 어떤 형태로든 나타나게 되는 권력에 대한 환상, 소유에 대한 욕심 그리고 이기적인 시도들에 저항하는 힘을 발생시켰다는 점을 들었다.(Spink, p.198) 하지만 이 이유는 평화를 기리는 노벨상을 타기에는 충분치 않았다.

'여성의 해'인 1975년, 머거리지는 미국의 상원의원 에드워드 케네디, 유엔환경계획의 지도자 모리스 스트롱, 그리고 세계은행 총재 로버트 맥나마라와 공조해서 마더 데레사의 노벨 평화상 수여를 추진했으나 다시 실패했다. 그러다 마침내 1979년 세 번째 시도에서 성공을 거두었다. 그해 12월 10일, 마더 데레사는 98만 크론의 기부금과 함께 상을 받았으며, 더 나아가 '노르웨이 국민의 상'을 수상했다. 이때 마더 데레사에게 감동을 받은 시민들이 36만 크론의 기부금을 모아 전달하기도 했다. 또한 마더 데레사는 축하 미사에서 걷힌 헌금 4만 8,000크론과 자신의 부탁으로 취소된 파티 만찬 비용 대신으로 받은 3,000크론을 수도회에 가져갈 수 있었다.

마더 데레사는 이 모든 과정에 사리를 입고 샌들을 신은 차림으로 임했다. 가발이나 화장, 인공적인 속눈썹, 밍크나 다이아몬드도 없었고 연극적인 몸짓도 취하지 않았으며 자만심을 엿볼 수 없는 상태로 연설을 했다. 이때 그녀의 생각을 사로잡고 있었던 것은 오로지 어떤 가능한 방법으로 '노벨상을 세계의 가난한 자들 중 가장 가난한 자들을 위해 가장 잘 이용할까' 하는 것이었다.(Spink, p.203)

마더 데레사가 그다음 날 노르웨이 국민들에게 다시 연설을 했을 때, 그곳에 참석한 사람들은 자발적으로 '할렐루야'를 외쳤다.

노벨 평화상 수상

노벨 평화상의 수상은 마더 데레사에게는 자신을 널리 알리는 데 최고의 상황을 의미했고, 세계의 대중들에게는 인간의 불행을 극복하는 투쟁에 그들이 함께해 일정한 역할을 한 데 대해 최고로 인정받았음을 뜻했다. 노벨 평화상은 1901년 이래 평화 사업에서 특별한 업적을 쌓은 이에게 주어졌는데, 1960년부터는 인간의 권리를 위해 일한 공로자에게도 주어졌다.

노벨 평화상 수상자는 노르웨이 의회가 지명한 독립적인 5명의 위원에 의해 결정된다. 마더 데레사를 수상자로 결정할 때 이 위원회가 어떤 논의를 했는지는 알려져 있지 않다. 왜냐하면 그 모임에서 논의된 내용은 회의록으로 기록되지 않았고, 원칙적으로 공정하게 결정된 것이 아니며, 거기에 대한 어떤 공개적 논의도 제공되지 않았기 때문이다.

노벨 평화상을 받은 많은 사람들이나 단체들의 경우와는 달리 마더 데레사에게 상을 수여하는 문제는 논쟁을 일으키지 않았다. 더욱이 눈여겨볼 만한 것은 마더 데레사가 어떤 정치적 평화 행진에도 참여한 적이 없었으며, 1966년에 막 완료되어 1976년에 가서야 실현된 인간의 권리에 대한 유엔협정의 완수를 위한 작업에도 참여하지 않았다는 점이다. 또한 성공적으로 발효된 이와 관련된 유엔협정을 위해 국제적으로 인정받을 만한 어떤 일에도 참여한 적이 없었다.

마더 데레사의 노벨 평화상 수상은 사실적인 관점에서는 하나의 협정 파괴였으며, 그녀의 수상 소감은 더욱 그러했다. 그녀는 세계의 대중들에게 연설할 수 있는 기회를 이용해 우선적으로 청취자들을 기도로 이끌었고, 그다음에는 가톨릭 교회의 주장을 인용해 낙태와 인위적 피임에 대한 반대를 자세히 설교했다. 그녀는 모든 가난한 자들에게서 고통받는 예수를 발견하기 때문에 세상적인 의미에서 사용되는 사회사업이라는 용어를 사용할 수 없다는 기본적인 신념과 함께 자신의 영성의 뿌리를 숨김없이 그대로 이야기했다.

그런데 그녀가 행한 연설은 그리스도교적인 경향의 청취자들에게만 더 깊이 전달되었을 것이 분명하다. 그리고 그녀의 연설에는 비그리스도교 대중들과 관련한 어떤 것도 들어 있지 않았다. 동시에 평화로운 세상을 만들자고 하는 칙서이기도 했던 그녀의 호소는 완전히 모든 개인들을 향한 것이었으며, 누구를 향해서도 과도한 요구를 하지는 않았다.

나는 생각합니다. 우리 가족 내에서 평화를 파괴하거나 평화를 이루는 데는 폭탄과 총이 필요하지 않다는 것을요. 그냥 서로에게 다가가 서로를 사랑하고 이 평화와 이 기쁨, 그리고 서로를 위해 존재하는 그 힘을 여러분의 가정에 가져가십시오. 그것으로도 이 세상의 모든 나쁜 것을 극복하기에 충분할 것입니다.
세상에는 너무나 많은 고통과 너무나 많은 증오와 불행이 있습니다. 우리는 집에서 우리의 기도와 함께 우리의 희생과 함께 시작합니다. 사랑은 집에서 시작합니다. 여기에서 우리가 얼마나 많은 것을 행하느냐 하는 것은 중요하지 않습니다. 얼마나 많은 사랑을 우리의 손에 흐르게 하느냐 하는 것이 더 중요합니다.
우리는 이런 일들을 전능하신 하느님을 위해서 합니다. 우리가 얼마나 많은 일을 하느냐는 어떤 역할도 하지 않습니다.

왜냐하면 하느님은 가없으시기 때문이며, 다만 중요한 것은 얼마나 많은 사랑을 우리의 손에 담는가, 얼마나 많은 것을 우리가 대면하고 봉사하는 사람들을 통하여 궁극적으로 하느님을 위해 행하는가 하는 것입니다.

그렇기 때문에 우리는 늘 웃는 모습으로 서로를 대합니다. 왜냐하면 웃음은 사랑의 시작이며, 우리가 서로를 사랑하기 시작하면 우리가 다른 사람을 위해 무엇인가를 하려 한다는 사실이 저절로 분명히 드러나기 때문입니다.

그러므로 우리 자매들과 저, 그리고 우리 형제들, 세상 도처에 있는 우리의 협력자들을 위해 기도해 주십시오. 우리가 하느님의 선물에 진심으로 머무르며 그분을 사랑하고 그분에게 봉사하도록 기도해 주십시오.

그러나 저는 여러분이 쓰고 남은 여유를 저에게 주는 것을 바라지 않습니다. 저는 여러분이 부족함 때문에 고통을 받으면서도 주기를 바랍니다. 열네 분의 교수가 우리 집으로 와서 다함께 사랑과 연민에 대해 이야기했습니다. 그러고 나서 그중 한 분이 저에게 "마더 데레사여, 우리가 기억할 수 있는 어떤 것을 말해 주시기 바랍니다." 하고 부탁했습니다. 그래서 저는 그에게 이야기했습니다. "서로 웃으세요."라고.

'이웃 사랑의 아이콘'으로서 마더 데레사의 신화는 적어도 노벨 평화상 수상과 함께 완성되었다. 그녀가 왜 상당한 공적 명성을 얻게 되었는가를 알기 위해서는 노벨 평화상이 얼마나 훌륭한 상인가를 살펴보는 것만으로는 부족하다. 마더 데레사는 자신이 왜 세상에서 사랑받는 존재가 될 수밖에 없었는가에 대해 이렇게 설명했다.

즉, 마더 데레사가 냉전의 시대에 평화를 가져올 것을 약속했고 심지어 무기나 위협이 없는 평화, 바로 사랑의 평화를 웃음을 통해 실행했기 때문이라는 것이다. 이러한 평화의 행진에는 지구상의 어느 누구나 참여할 수 있었다. 국제적으로 오랫동안 진행해 오던 '출산을 조절하는 문제'에 대해 그녀가 했던, 여전히 논쟁의 여지가 있는 언급들이 아니라, 그리스도교 신앙을 전파하기 위해 가져야 한다고 여겼던 사도적인 의무에 대한 생각이 아니라, 바로 이런 것들로 그녀는 자기 시대의 세계를 감동시켰다.

바로 이런 이유 때문에 마더 데레사는 세상 사람들의 인식 속에 밤낮으로 고통받는 예수에게 만족을 제공하는 동시에 세상의 죄를 용서받게 하는 가톨릭 선교사로서가 아니라 세계 인류에 대한 사랑과 참을성을 지닌 수녀, 그리고 위대한 사회적·개발 정치적 업적을 지닌 수녀로 안착하게 되었다.

마더 데레사가 무엇보다도 선교사이고 수도회를 설립한 사람이며, 단지 가톨릭적인 의미에서만 국제적으로 영향력을 미치는 평화의 상징이었다는 점을 그 당시의 여론은 거의 깨닫지 못했다. 왜냐하면 이런 문제가 언론에서 충분히 주제로 떠오르지 않았기 때문이다. 마더 데레사의 시복 절차를 둘러싸고 교회들이 다시 의견의 결집을 시도했음에도 이 문제는 여전히 당면 문제가 될 수 있다.

여기에서 이미 여러 방면으로 잘 알려진 냉전의 역사를 다시 서술할 필요는 없겠지만, 몇 가지 사실들을 회상해 보는 것은 의미가 있으리라 본다. 그 사실들이란 1979년 12월 10일을 전후로 해서 새로운 노벨 평화상 수상자를 둘러싸고 나타난 전 세계의 열광을 다시 이해할 수 있게 만드는 것들이다.

동서 갈등의 기초는 소비에트연합의 등장(1917)과 포츠담 협정(1945)과 관련된 대對 히틀러 협정의 붕괴와 함께 이루어졌다. 아메리카합중국과 소비에트연합 사이의 갈등 뒤에는 넘어설 수 없는 정치체제의 적대성과 가치 판단상의 대립이 있었다. 서구적인 관점에 따르면 이것이 민주주의와 독재, 시장경제와 계획경제, 자본주의와 공산주의·사회주의 등과 같은 대립 양상을 형성했고, 이어서 블록을 형성하기에 이르렀다.

1949년 서유럽의 군사동맹으로 나토가 만들어졌고, 1955년에는 바르샤바조약기구가 이에 대응하는 동유럽의 다른 한쪽을 이루었다. 절멸을 가져올 만큼의 잠재적 위협성을 보유한 두 강력한 권력이 막 시작한 핵 군비 경쟁은 첫 번째 핵 공격과 서로 간에 이미 확실해진 파괴에 대한 공포로 장기적인 평화를 유지하는 데 일정 부분 기여했고, 이것이 1990년대까지 지속되었다.

동과 서의 대치는 '대리전들' 속에서 발생했다. 그 대리전에서 한 국가 또는 내전의 한 당파가 지향하는 공산주의적 혹은 자본주의적 이익을 지원하기 위한 두 개의 강력한 힘 중 적어도 한 개는 직접적인 군사적 모습으로 드러나지는 않았다. 이러한 예로는 1950~1953년의 한국전쟁, 1965~75년의 베트남 전쟁, 1979년의 아프가니스탄 전쟁, 1975~2002년의 앙골라 내전, 1979~80년의 니카라과 전쟁 등을 들 수 있다. 핵전쟁의 위험성은 1962년 쿠바 위기 때 가장 컸다.

3차 세계대전을 유발할 가능성이 있는 위기가 고조되는 상황을 중화하기 위한 대응으로 1961년 비동맹운동연합체[NAM]가 형성되었는데, 여기에는 주로 개발도상국들이 속해 있었다. 이들은 공동 정책을 추구하는 것은 아니었고 네루 인도 총리, 티토 유고슬라비아 대통령, 나세르 이집트 대통령이 창립 동기를 제공했다. 비동맹운동연합체의 일반적인 요구 사항에는 거대 권력의 해체와 핵무기 금지 외에 다른 국가에 대한 평등한 권리와 평등한 대우도 들어 있었으며, 이와 연결되어 있는 회원 국가들의 탈식민 지화도 요구 사항에 포함되어 있었다.

마더 데레사에게 노벨 평화상이 주어지기 4일 전, 바르샤바조약기구 회원국 외무부 장관들이 SALT II라는 전략무기 군축 협상을 알선했다. 1979년 12월 12일에는 이른바 나토 이중 결의가 체결되었는데, 이것은 서유럽의 미국 미사일 퍼싱 I 을 현대적인 퍼싱 II 미사일과 크루즈 미사일로 대체하는 한편, 소련에 대한 군축 제안을 전제로 하는 것이었다. 12월 마지막 날에 소비에트 군대가 아프가니스탄에 진입하기 시작했고, 로널드 레이건 미국 대통령은 한층 강도 높은 전투 준비를 하달함으로써 이에 대응했다.

결국 이러한 상황은 1983년에 스타워즈 계획이라 일컫는 전략방위구상 SDI 을 낳았고, 이는 1989년 동유럽 블록의 종식과 1991년 소비에트연방의 해체로 1993년에 와서야 비로소 해소되었다. 1987년 이래 쌍방의 군축은 소련의 피폐가 점차 분명해진 점, 1985년에 이미 내부 개혁의 필요성을 인식하고 페레스트로이카와 글라스노스트를 주도적으로 계획한 미하일 고르바초프의 정책을 통해 가능해졌다.

냉전의 한가운데에서, 그리고 한 폴란드인이 교황의 자리에 오른 그해에 블록으로부터 자유로워진 나라에서 온 알바니아계 수녀가 노벨 평화상을 받은 것은 평화의 개념이 인간적인 따뜻함이라는 것과 그리 동떨어져 있지 않음을 말하고 있다. 이는 동서 간의 적대성과 다양한 인종과 종교 사이의 간극을 연결해 주는 개념을 지닌 것으로서 이를 행하는 사명과 상징의 의미로 감동을 주었다.

그 몸짓은 국제적으로 활발한 평화운동과 정치적·세계관적 관점에서가 아니라 인간주의적 관점에서 서로 연결된, 뜻을 같이하는 수없이 많은 사람들의 입맛에 부합하는 것이었다. 마더 데레사는 이제 평화에 관한 신념을 대외적으로 공표하고 통치자들에게 대중에 대한 평화애를 확산시킬 것과 '인간에게 다가오는 불행'을 제어하기 위해 노력할 것을 요구했던 노벨 평화상 수상자 알버트 슈바이처의 전통 속에 자리하게 되었다.

명망 있는 자연과학자들이 합류한 그런 종류의 호소에는 세계의 모든 평화주의자들(이는 통상적으로 부활절 행진, 1966년 샌프란시스코로부터 모스크바에 이르렀던 6,000마일 행진, 사람들이 앉아서 만든 블록, 베트남 전쟁 들을 상기시킨다)뿐만 아니라 가톨릭의 '팍스 크라이스트Pax Christ' 평화 조직, 퀘이커 교도들, 동서 블록의 경계를 넘어서는 '그리스도교적인 평화회의', 개신교 교회의 '하이델베르크 테제' 같은 것들이 함께 움직였다.

마더 데레사가 지었던 '만족스러운 미소'는 당시 상황에서 하나의 표지로 이해되었고, 세계적인 차원에서 동조자들의 마음에 공감을 불러일으켰음에 틀림없다. 그녀는 그 이후 삶을 마감하는 순간까지 동서 진영 국가의 수장들과 박애주의적인 조직 또는 교회 조직들로부터 수없이 많은 상과 명예, 그리고 기부금을 받았다. 이를 통해 드러나는 그녀에 대한 대중들의 끊임없는 공감은 마더 데레사의 호소가 이데올로기적인 것과 병립 가능한 것임을 증명한 셈이 된다.

이제 마더 데레사는 한 사람의 매우 독특한 성격을 띤 정치적 인물이 되었다. 왜냐하면 그녀는 자신을 정치적 상황으로 끌어들이지 않았고 그래서도 안 되기 때문이다. 그리고 그녀를 지원하는 사람들이나 그녀의 환자들이 어떤 블록에 속하는지, 그들이 어떤 세계관을 지니고 있는지를 뛰어넘어 일반적으로 받아들여지는 윤리적 수준을 높이기 때문이다. 이와 함께 대중적인 인식은 어떠했든 마더 데레사의 고유한 업적과 그녀의 영성을 알아차릴 일종의 기회를 잃고 말았다.

Chapter 04

세계로 확산된 사랑의 공동체

사랑의 선교수사회

마더 데레사의 성공의 역사를 들여다보면, 그녀가 행한 고유한 선교사로서의 업적, 특히 무엇보다도 사랑의 선교회 조직을 많이 만들었다는 점은 대중들의 눈에 잘 띄지 않는다. 수녀들 옆에 남성들로 구성된 수도회를 만들어 수녀들과 함께 일하게 하겠다는 생각에 페리에르 주교의 후임 알베르 드수자 주교가 곧 지지 의사를 보였고, 마침내 1963년에는 이에 적합한 공동체를 설립하기에 이르렀다.

처음 사랑의 선교수사회에 들어가기를 희망한 후보자는 세 명

뿐이었고, 마더 데레사가 이들을 지도했다. 수녀들이 그들을 교육시켰고, 이 수녀들의 영적 지도자인 줄리앙 앙리 신부가 그들의 영혼을 보살피고 지도하는 임무를 맡았다. 그리고 이들은 나병 환자촌과 니르말 흐리다이에서 함께 일했다. 이 구성원들이 12사도의 숫자인 12에 이르기까지 늘어났을 때, 마더 데레사는 오스트리아의 예수회 회원이자 사제인 이안 트레버스볼(1928년 생)로 하여금 수도회를 이끌게 했다.

마더 데레사는 그를 가리켜 "매우 성스러운 사람이고 실제로 정말 성인적이기 때문"이라고 묘사하곤 했다. 그는 가난한 자들 중 가장 가난한 자들을 위한 봉사를 통해 고통받는 예수에게 보답하고자 한다는 데레사의 기본 원칙에 동감했다. 또한 마더 데레사에게 내렸다고 하는 하느님의 계시 같은 것을 믿었으며, 마더 데레사와 마찬가지로 자신을 하느님의 도구로 간주했다.

1967년 3월 26일, 교황은 사랑의 선교수사회를 교구 수도회로 정식 인정했고, 마더 데레사는 교회법적인 이유로 이 수도회의 지도자 역할을 트레버스볼에게 넘겨주어야 했다. 트레버스볼은 자신을 안드레아 수사로 명명하고 그동안 33명으로 증가한 회원들의 수련 교육 임무를 넘겨받았다.

사랑의 선교수사회 본원은 콜카타 시의 키더푸르에 만들어졌고, 첫 분원은 슬럼가 중 하나인 덤덤에 세워졌다. 또한 수련기를 보내는 시설은 콜카타와 로스앤젤레스에 세워졌다.

안드레아 수사는 사랑의 선교수녀회의 회헌을 남성 수도회의 필요에 맞게 조정하고 개선했다. 그와 마더 데레사는 자주 대립적인 관계를 형성하기도 했는데, 특히 수사들의 생활방식에 대한 점에서 그러했다. 두 사람이 서로 팽팽하게 대립한 생활방식이라는 것은 밤에 숙소를 떠나서는 안 된다거나, 집에 손님을 들일 수 있다거나, 낯선 사람들을 수도회에 데려와 같이 식사한다거나, 일상의 일정에서 융통성을 발휘해야 한다거나, 왼쪽 어깨에 십자가를 다는 것을 제외하고는 수도회에서 정한 복장을 입지 않겠다거나 하는 등의 문제였다.

이런 방식으로 그들의 생활이 지속된 기간은 상대적으로 그리 길지 않았다. 자연히 사랑의 선교수사회 수사들은 마더 데레사가 개인적으로 이끄는 선교회의 수녀들과 자신들을 비슷하게 여기는 대중의 평판을 그리 달가워하지 않으면서도 국제적인 규모로 활동하기도 했다. 우선 베트남(1973~75), 캄보디아(1974~75), 베이루트(1979), 이탈리아, 자그레브, 디트로이트, 세인트루이스, 바이아(브라질), 르완다, 나이로비, 멕시코, 하이티, 오스트레일리아, 남동아시아 지역 등에서 단기적으로 활동했다.

1989년에는 31개국의 91개 분원에서 333명의 수사와 136명의 지원자들이 살고 있었다고 하며, 1993년에는 76개의 분원에 400

명 가량의 수사들이 있었다고 한다. 안드레아 수사는 대중들에게는 그리 알려지지 않았지만 어느 정도는 마더 데레사의 실천 방식을 그대로 이어받아 자신의 분원을 정기적으로 방문하면서 그들을 지도하고 보살폈다. 또한 사랑의 선교회 소속 수녀들이 활동하기에는 적당하지 않은 지역이나 맡기 어려운 역할들을 위주로 가난한 자들 중 가장 가난한 자들을 위한 활동을 통솔했다.

그렇기 때문에 대부분의 분원에서는 수녀들이 하는 것처럼 계획된 방식대로 일이 진행되지 않았고, 그들 나름의 독자적 방식으로 가난한 자들 중 가장 가난한 자들을 위해 봉사했다. 그들은 현지의 사정과 요구들에 맞추어 가면서 수도회의 유형대로 비전문적이지만 현지 사정에 즉시 맞추어 가면서 일에 대처했다.

1986년, 안드레아 수사는 당시 사무총장으로 있으면서 그에게 적대감을 보였던 고프 수사에 의해 사랑의 선교수사회 총회장직을 사퇴당했다.

21년 동안 이 수도회에 몸담았던 안드레아 수사는 사퇴 원인에 대해 다음과 같이 이야기했다.

미국에 있을 때 사람들은 내가 술을 너무 많이 마신다는 둥, 어리석게 행동하고 좋지 않은 본을 보인다는 둥의 말을 하고 다녔다. 사람들은 곧 나를 알코올 중독자들을 위한 교정 시설에 보내기로 하는 대비책을 세웠다. 나는 내가 지난 12년 동안 몇 번 술에 취한 적이 있다는 것을 순순히 인정한다. 하지만 알코올에 중독되어 치료가 필요한 상태라고는 생각지 않는다. … 이는 이제 내가 더 이상 사랑의 선교수사회 형제로 머물러 있을 수 없다는 것을 의미했으며, 이에 나는 사랑의 선교수사회 수사로서 발한 서원에서 제외되기를 기도했다. 작별에 임해서 나는 형제들이 예수와 가난한 사람들 곁에서 무한한 순수함을 가지고 언제까지나 머물러 있기를 기도했다.

— Spink, p. 269

안드레아 수사는 후에 자신의 옛 수도회 명의로 『나는 이 세계의 순례자』였다는 제목의 매우 성공적인 신앙서를 출판했다. 여기서 그는 가난한 자들 중 가장 가난한 자들을 위한 자신의 봉사 활동에 대해 거의 사실 관계에 얽매이지 않고 소설식으로 이야기를 구성했고, 자신의 영성에 대해 매우 감정적인 시선을 드러냈다. 이 책의 서문은 머거리지가 썼다. 안드레아 수사는 공개적인 차원에서는 자신의 수도회와 거리를 두는 것으로 여겨지지 않게 했고, 그에 관한 일을 나중에 알게 된 마더 데레사와도 분리되지 않은 것처럼 보이게 했다.

안드레아 수사가 수도회를 떠난 직후 사제들이 그를 따라 수도회를 떠났다. 그것이 안드레아 수사의 이후 행적에 직접적인 영향을 받아 발생했는지, 아니면 남성들에게 갑자기 발생하곤 하는 인생의 위기적 전환기로서의 현상 같은 것이었는지에 대해서 형제 수사들은 말이 없었다.(Spinks, p.270)

안드레아 수사는 2000년 10월 4일 멜버른에 있는 사랑의 선교회 옆에서 암으로 세상을 떠났고, 그의 장례미사는 고프 수사가 집전했다. 그동안 그 수도회에는 약 400명의 회원들이 소속되었는데, 거기에는 나병 환자와 마약 중독자, 에이즈 환자, 과거의 죄수들이 받아들여졌으며, 그들의 삶은 마더 데레사가 구상한 방식으로 계속 이끌어졌다.

그 외의 사랑의 선교회 가족들

마더 데레사는 처음부터 자신의 선교에 대해 총괄적으로 이해하고 있었다. 그렇지 않았다면 사랑의 선교회가 설립됨과 동시에 병에 시달리는 이들로 구성된 협력자회를 선교 기구로 탄생시킬 수 없었을 것이다.

병에 시달리는 이들로 구성된 협력자회 사람들이 해야 할 일은 직접 육체적으로 봉사 활동을 하는 사랑의 선교회 수녀들을 위해 기도하고 그들의 고통을 위해 헌신하는 것이었다. 왜냐하면 그런 종류의 영적인 사랑의 봉사는 예수의 고통을 경감시키면서 자기 영혼의 죄를 용서받을 수 있게 하기 때문이다.

마더 데레사는 1970년에 하느님을 향한 이런 방식의 사명을 세속인들뿐만 아니라 자신이 우선 '말씀의 자매회'라고 명명하려 했던 한 관상수도회[13]에 위탁하기로 결정했다. 그 수도회는 1976년 예수 성심 대축일에 정식으로 승인을 받았고, 최초의 분원을 뉴욕에 열었다. 이 분원을 오푸스 데이[14]와 가까웠던 대주교인 테렌스 제임스 쿡 추기경이 축복했다.

이 공동체는 1977년에는 '사랑의 선교 관상수녀회'라는 이름으로 육체적인 봉사 활동을 하는 사랑의 선교회에 합류했다. 가난한 자들 중 가장 가난한 자들을 위한 그녀들의 일은 기도 속에서 행해졌고, 영적인 관상과 매일 3~5시간 정도의 사도직을 수행했다. 그녀들은 사랑의 선교회 선교사들이 행하는 방식에 자신의 일정을 맞추어야 했는데, 사실 그녀들의 일은 연로하거나 건강상의 이유로 어려워 활동적인 일에서는 물러나 있는 사람들에게 적합한 것이었다.

마더 데레사의 후계자로서 사랑의 선교회 수녀회를 이끌었던 니르말라 수녀가 이 수도회를 이끄는 최초의 장 역할을 했다. 1990년에 여기에는 약 50명의 수녀가 소속되어 있었다고 하는데,

---

[13] 활동을 주로 하는 수도회에 대응되는 수도회로, 관상觀想을 주목적으로 고독과 침묵 속에서 기도에 힘쓰고 극기하며 하느님의 뜻을 따라 살고자 하는 수도회의 형태 – 역주

이 글을 쓰고 있는 시기에는 아마 100명 정도가 증가했을 것이다.

마더 데레사는 매우 활동적으로 일하는 안드레아 수사가 사랑의 선교회를 위한 관상수도회에는 관심이 없다는 사실을 받아들여야 했다. 그래서 1978년 로마에 '말씀의 형제회'라는 공동체를 세운 뒤 이 공동체를 그곳의 주교로 있던 세바스찬 파츠하칼라의 휘하에 두었다. 이 형제회는 1985년에 '사랑의 선교 관상수사회'라는 명칭으로 사랑의 선교회에 합류했다. 그리고 이들은 어깨에 십자가가 그려져 있는 회색빛(수련수사는 흰색) 복장을 했다. 파츠하칼라는 수도회의 서원을 발한 후 스스로를 '파더 세바스찬'이라고 명명하고 공동체를 이끌었다.

욕구에서 자유로워진 그들의 생활 태도는 사랑의 선교회에서 활동하는 사람들의 그것에 필적할 만했다. 차이가 있다면 더 많은 시간을 기도하는 데 사용하며, 특히 관상수녀회 수녀들의 경우와 마찬가지로 성찬식을 위한 기도에 시간을 많이 할애한다는 점이었다. 그 시기에 로마에서만 약 30명의 수도회 형제들이 생활하고 있었다. 공동체는 알바니아에서 두 군데, 뉴델리에서 한 군데가 운영되었다.

사랑의 선교 관상수도회는 성체를 '영혼의 양식'으로 여기며 성체 성사를 통해 재현되어 현존하는 예수를 그들의 영적 삶의 중심에 두었다. 그들은 십자가에 못 박힌 예수의 고통을 묵상하

---

14) 모든 그리스도인들의 성성聖性 추구와 복음 전파를 목적으로 활동하는 가톨릭 단체 – 역주

고 예수와 고통을 함께하며 가난한 자들 중 가장 가난한 자들 속에서 사랑으로 그를 위해 기도를 바친다.

그들에게도 예수는 현재의 가난한 자들 중 가장 가난한 자이지만, 그들은 그의 고통을 정신적으로 속죄한다. 그들의 심장이 예수를 향한 사랑으로 완전히 피를 쏟을 때 비로소 그들은 스스로를 '마음이 가난한 자들 중 가장 가난한 자'로 이해하게 되며, 그들의 가난을 영적으로 새로워지는 힘으로 인식하게 된다.

여기서 새롭게 생겨나는 힘은 세상에서는 이웃 사랑으로 표현되고, 그 본질은 하느님에 대한 사랑이다. '원죄 없이 잉태되신 하느님의 어머니'는 '우리의 기쁨의 근원'으로서 존경을 받는다. 왜냐하면 성모 마리아를 통해서만 고통받는 예수와 수도회 구성원 사이에 긴밀한 사랑의 연결이 이루어지며, 성모 마리아가 그들의 영혼을 보호하여 영원한 삶으로 인도하게 되기 때문이다.

그들은 가난한 사람들을 돌보고, 슬럼가나 병원·교도소를 방문하거나, 밤에 잘 곳이 없는 사람들을 재워 주는 시설들을 방문해 이곳에서 선교 활동을 함으로써 자신들의 의무를 수행한다. 여기서 선교 활동은 교리교육을 실시한다거나, 이것이 국가적으로 금지되어 있는 곳에서는 자신들이 선교에 필요한 모범을 보여 주는 방식으로 진행하였다.

그들의 의무 중 가장 상위에 있는 것은 순명이었으며, 교회의 가르침에 전적으로 의존하는 것이었다. 그들의 신학 교육이 '신심 교육'과 간단한 성경 지식을 익히는 정도로 범위가 제한되어 있었으므로 그들은 학문적인 열망을 키우는 것에서는 자유로웠다.

사랑의 선교회의 가장 작은 공동체는 미국의 요셉 랑포드 주교가 1979년에 설립을 제안하면서 시작되었다. 랑포드 주교는 머거리지의 책 『마더 데레사, 내쳐진 자들을 위한 삶』에서 주는 가르침에서 이 일에 대한 동기를 부여받았다. 즉, 마더 데레사가 자신에게 "깊은 기도의 삶, 더 단순화된 삶의 양식, 그리고 정신적인 이웃 사랑"을 통해 내면을 다시 새롭게 하라고 사제적인 봉사를 제안한 것 같았다고 한다.

랑포드는 마더 데레사와 함께하는 사제단 모임을 위한 회헌 작성 작업을 했는데, 이 회헌의 내용은 모임의 회원들이 사랑의 선교회 수녀들을 위해 해야 할 '가치 있는 영적 봉사'에 대한 것이었다. 마더 데레사는 이 회헌을 교황 요한 바오로 2세에게 제출했고, 교황은 이를 열렬히 환영했다.

1983년, 가난한 자들 중 가장 가난한 자들을 위한 이 사제 공동체는 쿡 추기경에게서 뉴욕 브롱크스에 있는 집 한 채를 얻었다. 이곳에서 이 공동체는 회원이 이제 막 세 명이 된 '그리스도의 몸 형제단'으로 활동을 시작했다. 1984년에 이 사제 공동체는 사랑의 선교회에 편입되었고, 1987년에는 '사랑의 사제 선교회'라는 명칭으로 승인을 받았다.

랑포드 주교는 이 시기에 25명의 구성원을 갖춘 이 공동체의 지도권을 넘겨받았다. 이 공동체의 수련기간은 로마에서 거치도록 했다. 그곳에서 수련기간을 보내면서 회원들은 사제직을 준비하는데, 사제직을 수행하는 사제로서의 의무의 중심을 사랑의 선교회 내의 남성 관상수도회의 본을 따라 가난한 자들 중 가장 가난한 자들을 돌보는 데 두었다.

사제들은 성사를 집전할 권한을 가졌기 때문에 이들 역시 중요한 선교 업무를 수행했다. 마더 데레사는 이러한 목적으로 콜카타에 있는 니르말 흐리다이에 랑포드 주교를 보냈다. 비록 그곳에 있는 환자들이 통상적으로 그리스도교인이 아님을 그녀는 알고 있었지만, 인도 정부는 자기 나라에서 사제들의 수도회가 자리를 잡지 못하게 막았다. 그래서 1989년에 최초의 수도회가 멕시코의 티후아나에서 자리를 잡았는데, 이곳은 콜카타와 유사한 상황이 지배하는 곳이었다.

'그리스도의 몸 형제단'에 근원을 두고 몇 년의 시간이 흐른 뒤, 마더 데레사의 머릿속에서는 이를 더 확대시켜야겠다는 생각이 싹텄다. 이후 이를 실천하기 위한 '그리스도의 몸 운동'이라 불리는 움직임이 시작되었다. 이 운동은 랑포드와 마더 데레사 모두와 친분이 있었던 파스쿠알라 세르베라 신부(뉴욕)가 이끌게 되었고, 이를 실행하도록 동기를 제공한 사람은 마더 데레사 자신이었다. 세계의 사제들이 자신들의 신원을 포기하지 않으면서도 사랑의 선교회와 연결되는 희망을 갖게 하려는 것이 이를 만든 그녀의 동기였다.

마더 데레사에 따르면 그리스도의 몸 운동은 예수 성심 공경에서 직접 유래한 것이며, 각기 사제로서 어떤 임무를 가지고 있느냐에 상관없이 사제들에게는 성령으로 향해 가는 작은 길을 만드는 것이라고 한다. 그것이 마더 데레사의 눈에는 예수 성심 공경의 한 표현이었던 것이다.

그리스도의 몸 운동은 하나의 기도 사도직과 연결되는데, 기도 사도직이라는 것은 마더 데레사의 선교회 수녀들을 정신적으로 지원하는 '병에 시달리는 이들로 구성된 협력자회'와 형태는 유사하다. 하지만 이들은 수녀들의 영혼에 대한 치료를 우선적으로 하는 것이 아니라 사제들의 영혼을 치료하는 데 도움을 주도록 되어 있다. 즉, 모든 사제들은 매번 그를 위해 기도하는, 그리고 자신들의 고통을 통해 대신 속죄하는 수녀들에 의하여 정신적으로 후원되는 것이다. 왜냐하면 하느님의 백성은 성스러운 사제들을 갈망하기 때문이다.

앞으로 계속 제시되겠지만, 이러한 형식은 마더 데레사가 그

조용하고 균형잡힌 진지한 얼굴의 마더 데레사는 세계의 종교인뿐만 아니라 비종교인에게까지 감동을 준다. 마더 데레사 개인의 카리스마가 없었다면 그녀가 이룬 성공은 생각할 수 없었을지도 모른다.

처럼 높이 평가했던 성녀 리지외의 데레사가 쓴 글에 기원을 두고 있다. 사제들은 이와 같은 동반자 관계를 맺음으로써 어떤 특별한 의무를 더 가지게 되는 것은 아니었다. 하지만 그럼에도 불구하고 이런 관계를 통해 그들은 마더 데레사가 가지고 있는 사도직의 범주 내에서 그녀의 카리스마를 경험하고, 더 나아가 이를 확대해 나가기를 기대하는 것이며, 또한 이를 통해 그들이 매일 한 번의 미사를 봉헌할 것을 기대하는 것이다.

사제들이 수녀들에 의해 영적으로 후원된다는 것이 사제들과 수녀들 사이에 지속적인 연결 관계가 유지되는 것을 전제로 하는 것은 아니다. 다만 후원 양식서를 작성하기만 하면 되는 것이다.

1997년, 마더 데레사가 사망하기 약 6주 전에 이 운동은 주교와 사제들의 국제 연대로서 사도적 임무를 수행한다는 것을 인정받았다. 그리스도의 몸 운동과 사제 수도회는 예수를 향한 영혼들의 목마름과 마찬가지로 영혼들을 향한 예수의 목마름을 진정시켜 주었다. 이를 행하면서 사제들은 자신들의 삶을 사제적인 삶의 근원이며 최고점을 형성하는 성체성사 위에 세우게 된다. 그리고 이를 통해 "교회의 어머니이며 모든 사제의 어머니로서" 마리아를 신뢰하게 되는 것이다.

따라서 마더 데레사와 사제들의 공동체는 예수의 고통에 대한 속죄와 "인간적인 속성이 성화^{聖化}하는 변화를 통해 스스로 성인이 되도록 만드는 것"을 자신들의 그리스도교적인 선교의 중심에 두었다.

일반 신자들의 역할

사랑의 선교회의 선교 활동에서 평신도 사조직[15]들도 두드러

---

15) 일반 신자로서 예수의 사도와 같은 역할을 담당함 — 역주

진 역할을 한다. 이들은 직접 봉사를 몸으로 실천하는 수도회를 위해 필요한 물자를 조달하고 실질적인 보조 역할을 하는 데 그치는 것이 아니라, 세상의 죄를 씻기 위해 마더 데레사가 진력하는 선교 업무를 행하는 데도 중요한 역할을 한다.

슬럼가에 발을 들여놓은 지 불과 며칠이 안 되어서부터 마더 데레사는 사회봉사를 행하되 반드시 그리스도교인이어야 한다는 강요된 규정이 없는 많은 조직들, 자발적으로 참여한 무보수의 조력자들, 특히 그리스도교 여성들이 중심이 된 지원자들의 도움을 받아 왔다.

그중에는 1954년부터 매우 정열적으로 이 활동에 참여해 온 앤 블레이키라는 영국 여성도 있었다. 그녀의 남편은 콜카타에 있는 한 영국계 회사에서 변호사로 일하고 있었다. 그녀는 정치적이면서 그리스도교 박애주의에 입각한 단체들과 공고한 국제 연대를 형성했고, 그 외에도 마더 데레사가 대중들과 언론에 좀 더 일찍 주목을 받도록 하는 데도 관여했다.

앤 블레이키는 1960년에 영국으로 귀국하면서 마더 데레사를 위해 기부금을 내는 '결핵 환자들을 위한 복지협회' 부협회장직을 넘겨받았고, '마더 데레사 위원회'를 결성했다. 여기에서는 의복이나 의약품, 기부금을 모으는 일 외에도 마더 데레사의 일을 지원하고 널리 알리기 위해 필름과 슬라이드 작업을 한 뒤 이를 상영해서 대중에게 알리는 작업도 진행했다. 머거리지가 진행한 BBC 인터뷰도 앤 블레이키가 준비한 것이었다.

마더 데레사 위원회는 국내외 언론의 영향과 마더 데레사의 각종 수상 덕분에 급속히 커졌으며 영국 바깥에서도 매우 큰 관심을 이끌어냈다. 마더 데레사는 이런 상황을 계기로 마더 데레사 위원회를 하나의 견고한 조직 형태로 발전시키기로 결정했다. 그 결과 1969년 3월에는 이렇게 만들어진 조직인 '마더 데레사 국제 협력자회'에 교황 바오로 6세가 축복해 주었다. 그리고 데레사와 함께 일하던 선교사들도 여기에 편입되었다. 이 조직의 영성은 당연히 가톨릭이었지만, 규약에는 구성원들에 대한 종교적·사회적·국가적 전제조건을 명백히 규정하지 않음으로써 이 점을 감추었다.

이런 단체가 만들어진 것이 사실 이 시기에는 새로운 현상이 아니었다. 왜냐하면 오푸스 데이라고 단체가 이미 1950년 이래 비그리스도교인을 회원으로 받아 주는 최초의 가톨릭 조직으로 존재하고 있었기 때문이다. 그럼에도 불구하고 '마더 데레사 국제 협력자회'의 정신적인 목적은 다음과 같은 공언을 통해 고유한 특성을 드러낸다.

즉, 마더 데레사의 협력자들은 빈곤한 자들 속에서 예수를 깨닫고, 가난한 자들과의 교류를 통해 하느님과 교류하며 이들을 사랑하는 것을 배운다는 것, 그리고 사랑의 선교회 선교사들과 함께 기도 공동체를 형성한다는 것이다. 그들이 그렇게 해서 얻게 된 예수에 대한 경험을 각자의 가족들에게 전달하고 이런 방식으로 세계에 퍼져 나가게 된다는 것이다.

'마더 데레사 국제 협력자회'는 이렇게 서구 산업사회 속에 실재하는 신자들로 이루어진 선교 공동체였으며, 마더 데레사의 인도 선교에 구체적으로 도움을 주는 방법을 실천하는 것이 그들의 과제였다. 회원들은 이외에도 매일 어떤 특정한 기도들을 바쳐야 했는데, 기도 지향 중에는 교황 바오로 6세와 성 프란체스코를 위한 것도 있었다. 그 기도들은 가능한 한 자주 바쳐야 하고 적어도 한 달에 한 번은 이 기도의 지향을 가지고 미사에 참례해야 했다. 그리고 청빈, 정결, 순명, 이웃 사랑을 위한 하느님의 계명을(사랑의 선교회 선교사들의 맹세까지 포함) 지켜 나가야 했다.

이 모임에 소속된 신실한 구성원들은 완전히 새로운 그리스도교적 가족 사랑과 새로운 삶의 관습들을 강제로라도 실행해 나가야 했다. 앤 블레이키는 1988년까지 이 모임의 회장이었고, 그때까지 48개 나라를 방문했다. 그녀가 맡았던 직책은 그 뒤 남아프리카 출신의 마가렛과 데이비드 컬리스가 넘겨받았다.

마더 데레사는 이 국제 모임을 주도적으로 돌보았으며, 모든 국가에 있는 이 모임 소속의 회장들을 방문했다. 1974년에도 이런 이유로 몰타, 오스트리아, 스위스, 독일, 스웨덴, 네덜란드, 잉글랜드, 덴마크, 프랑스를 방문했고 그 공적이 언론에서 높이 평가되었다.

이 모임에는 1970년에 8만 명 이상의 협력자들이 속해 있었고, 마더 데레사의 업적을 서술한 사람들마다 수치가 다르지만, 1990년에는 8만(Feldmann, p.138), 15만(Konermann p.110), 300만(Spink, p.275) 사이의 어딘가에 해당하는 회원을 보유하고 있었다. 그런데 이 회원수는 마더 데레사의 수도회와 그녀의 다른 업적의 숫자들과 마찬가지로 대략적인 것일 뿐 검증된 것은 아니다.

신도들은 이 국제 모임의 일을 하는 데 많은 시간을 할애해야 했다. 협력자회의 활동은 사랑의 선교회 선교사들과 미리 협의해서 진행해야 했고, 남을 도와주는 일들을 조직하고 지역적인 차원에서 연대 운영도 해야 했다. 지역적인 차원에서 연대 운영을 할 때는 돈이 들지 않아야 했는데, 이는 마더 데레사가 운영을 위해 돈을 사용하는 것을 특히 엄격하게 금했기 때문이다. 그래서 이 협력자회에는 공식적인 사무실이나 직원, 회계 업무를 담당하는 사람도 없었고, 진행한 일이나 재정 관리를 위한 기록도 자료도 없었다.

따라서 즉발적인 행정 이상의 형태로 진행될 수는 없었다. 모든 것은 사적인 기초 위에서 조직되고 완결되어야 했다. 형식을 갖추지 않고 비용도 들이지 않고 일을 진행하려면 전화로 일을 해결하는 것이 가장 좋은 방법이었으며, 모든 일은 우정과 명예의 차원에서 진행해야 했다. 간간이 발생하는 많은 원조 물품들의 운송과 보관 비용도 일차적으로는 거의 발생해서는 안 되었고, 적어도 사적인 차원에서 해결되어야 했다. 이런 이유로 이 협력자회에서 진행한 사업과 역사는 제대로 파악하기 어렵다.

마더 데레사의 전기에서 높이 평가되는 대로 "세상에서 가장 비조직적으로 조직된 이 협회"의 회원들은 오로지 열정만 가지고 일했다. 그러나 마더 데레사는 이 열정에 대해 만족스러워하지 않았고 오히려 항상 부족하다고 여겼다. 그래서 그녀는 1992년부터 이 모임을 해산시키기로 마음먹고는 회원들이 기부금을 모으는 것, 수도회가 정기적으로 재정 지원을 하는 것, 그리고 영리적인 행사를 개최하는 것(예를 들어 마더 데레사 자료를 판매하는 등의 행사)을 계속 금지시켰다.

마더 데레사는 더 이상 기부금을 받을 필요가 없다는 것, 그리고 더 이상 원하지도 않는다는 것을 강조했다. 왜냐하면 그동안 전 세계의 많은 국가들과 뜻을 가진 기관들로부터 재정 지원을 받고 있기 때문이라는 것이었다. 그녀는 만약 자신이 돈이나 그 외에 어떤 다른 것이 필요하다면 사랑의 선교회 수녀들에게 그것을 위해 기도하도록 부탁하면 되고, 그러면 일이 이루어진다고 강조했다. 또한 영적인 근거를 제시하기도 했는데, 마더 데레사 자신은 하느님의 섭리와 기도의 힘에 모든 것을 내맡기고자 한다는 것이었다.

마더 데레사의 이러한 언급은 당연히 그녀를 도와주는 협력자들에게 흥분과 함께 좌절감을 불러일으켰다. 협력자회로 하여금 기부금의 운용에서 손을 떼게 하고, 지속적으로 이루어지는 기부금의 운용을 콜카타의 모원과 로마의 분원에서 전적으로 담당하게 함으로써 수도회 자체를 위한 운영비가 더 가벼워지는 데 기여했다고 한다. 또한 이런 방식으로 인해 대중은 그 돈이 어두운 터널로 갈취 당하는 일 없이 가난한 자들에게 직접 전해진다고 확신하게 된 것이 틀림없다.

1993년 8월이라고 이야기하는 사람들도 있지만, 1994년 7월에 '마더 데레사 국제 협력자회' 는 해산되었다. 하지만 그 협력자들은 계속해서 수녀들을 적극적으로 돕고 기도할 수 있도록 허락되었다. 많은 사람들은 이러한 마더 데레사의 결정에서 절대 무시되어서는 안 되는 깊은 기도의 정신적 결과를 볼 수 있었다.(Spink p.312, 318)

1998년, 수도회는 그때까지 형식적으로는 폐지되었으나 실제로는 유지되고 있던 신자 협력자 모임을 '마더 데레사 협력자 국제 운동' 으로 지속해 나가기로 결정했다. 니르말라 수녀가 회람

용 편지에 썼던 대로 그들은 계속해서 스스로를 하느님에게 바쳐 거룩하게 하고 수도회의 '영적인 가족'에 대한 협력자로 간주해야만 했다. 기부는 사랑의 선교회 선교사들에게 직접 하게 했고, 지역적으로 기부를 위한 행사를 개최하는 것은 바람직하지 않은 것으로 받아들여졌다.

마더 데레사가 구상한 평신도 사조직 활동은 이 협력자들과 아직 연계되지는 않았다. 바로 이와 유사한 실용적 이유로 그녀는 의사들을 위한 추가적인 신자 조직(1984)과 의료 관계자들의 모임을 로마에서 탄생시켰다. 이 조직의 회원들은 당연히 보수를 받지 않고 마더 데레사를 위해 일하는 사람들이었고, 그녀가 즐겨 언급한 주제인 낙태, 출산을 인위적으로 조절하는 일, 마약, 제3세계의 질병들에 대해 논의하고 정례적으로 이를 위해 함께 기도하게 되어 있었다.

이 조직의 연락을 전담한 사람은 로마에서 감염환자들을 위한 라차로 스팔란차니 병원을 이끌고 있던 의사 프란체스코 디 라이몬데와 그의 아내였다. 이 조직에 소속된 평신도 회원 역시 반드시 가톨릭일 필요는 없었지만 실제로 조직원들의 종교가 다양하지는 않았고, 사실 다른 종교인들은 관심을 가질 만한 조직도 아니었다.

이들이 본으로 삼는 것들은 이미 오래전부터 존재해 온 의사들의 모임이었는데, 이들은 주로 휴가 기간을 이용해 무보수로 의료봉사를 하고 있었다. 이들의 활동은 사회봉사 차원에서 이루어졌고 박애정신에 의한 것이었을 뿐 종교적 동기에 따른 것은 아니었다. 몇 년 뒤 이들 의사 협력자들은 더 많은 나라로 활동의 영역을 넓혀갔다. 그들은 마더 데레사의 평신도 협력자들 중에서도 특히 열심히 활동하는 분파라고 볼 수 있다.

육체적 봉사를 통해 실질적으로 도움을 주는 사람들과는 성격이 다른 관상 중심의 단체로 1984년에 생긴 '나사렛 가족운동'이라는 단체가 있다. 이 단체는 1988~89년에 사랑의 선교회에 소속되었으며, 그때부터 '사랑의 평신도 선교회'로 명명되었다. 이들은 로마에 있던 세바스찬 바츠하칼라이가 지도하고 있었고 성가정을 수호성인으로 모셨다.

사랑의 평신도 선교회는 이탈리아, 프랑스, 스페인, 독일, 벨기에, 네덜란드, 영국, 아일랜드, 덴마크, 폴란드, 헝가리 등의 유럽과 남북 아메리카 및 인도에 걸쳐 약 1,000명의 회원으로 구성되었으며, 왼쪽 어깨에 십자가 모양을 달아서 자신들을 표시했다.

이들은 각자의 출신이 어디든지 평신도로 구성되어 일종의 '사랑의 선교회 제3회' 정도로 여겨졌다. 그리고 이들 스스로가 자신들은 수도원적인 삶과 마더 데레사의 카리스마 아래 놓여 있다고 여겼다. 이들은 하루 중에 일정한 시간을 정해 놓고 여러

번에 걸쳐서 기도한다. 그리고 결혼을 한 경우에도 마찬가지로 매년 정결, 청빈, 순명, 가난한 자들에 대한 봉사의 서원을 반복해서 행하며 "모든 영혼들에 대한 사랑을 끊임없이 갈망하는 십자가에 못 박힌 예수"를 만족시키는 일을 추구한다.

이들의 활동은 이들의 가족과 나아가 전 세계를 자신들의 기도와 흠 없는 예수의 삶을 통해, 그리고 성가정의 모범을 따라 성스럽게 하는 데 그 목적이 있었다. 그리고 이런 영역에서 예수의 갈증을 덜어 주기 위한 목적으로 선교 활동이 진행되었다. 이들의 모임은 스스로를 하나의 거대한 가족으로 여기며 몇 년에 걸쳐 일정한 간격을 두고 국제적인 만남의 계기를 만들었다.

마더 데레사는 늘 가정에서의 그리스도교 신앙은 가족에 기초를 두고 있으며, 세계를 향한 선교의 출발점 역시 가정이 되어야 한다고 생각했다. 그렇기 때문에 그들은 자신의 사도적 활동 체계 안에 모범으로서의 기능도 함께 포함하고 있었다.

세상을 자유롭게 하기 위하여 자신을 성스럽게 하다

마더 데레사가 설립한 모든 선교 공동체의 목적은 늘 동일하다. 즉, 선교사나 선교되는 사람 모두의 영혼을 구제하는 것, 그리고 그와 함께 스스로 성스럽게 되는 것이다. 선교사들의 최종 목표는 성스럽게 되는 것이고, 그것을 이루는 방법은 고통을 견디고 스스로를 희생하는 것이다.

성인이 되기 위해서는 많은 고통을 감내해야 한다. … 우리의 모든 행동들은 성인이 되겠다는 목적을 향해 이루어져야 한다. 우리가 병자와 죽어가는 자들을 돌봄으로써, 거리의 아이들을 거두어 그들을 양육하고, 아무도 돌보지 않는 이들에게 집을 제공하는 행위를 함으로써 스스로 완전하게 되는 것, 그리고 우리의 이웃도 역시 완전해지는 방향으로 나아가도록 만드는 데 목적을 두고 우리는 행동한다. 가난한 자들이 모여 있는 지역에서 가난한 자들의 삶의 모습을 바꾸도록 하는 일은 휴식이 없고 성과가 없으며 대가도 주어지지 않는 어려운 일이다.
… 우리는 이를 위한 요구에 부응해 영혼을 구원하기 위해서 우리의 열정을 불사르는 일 외에 할 수 있는 것이 없다. 불꽃은 사랑의 시금석이며, 이 시금석은 영혼들을 위한 일에 자신의 인생을 바칠 준비를 하는 것이다.

— 마더 데레사, 『영적인 교재』

자기 자신을 성스럽게 할 의무는 모든 그리스도교인의 의무이며, 이는 성직자나 평신도 모두에게 해당하는 일이다. 마더 데레사가 스스로를 성스럽게 하는 가장 적당한 방법이라고 간주한 것은 이미 언급한 바와 같이 육체적으로, 그리고 정신적으로 고통을 감당하는 것이다. 왜냐하면 그것을 통해 사람들은 예수의 열정의 일부분을 가지게 되기 때문이다. 병든 자, 도움을 필요로 하는 자들은 그렇기 때문에 예수에게 좀 더 가까이 놓여 있는 셈이다.

그들은 다만 자신의 고통을 예수에게 바치고, 즉 예수에게 자신의 모든 고통을 선사하고 그에 대한 사랑에서 나오는 더 많은 고통을 감내함으로써 스스로 성스럽게 되는 과정을 진행하게 된다. 고통 속에 놓인 예수를 대변하는 가난한 자들 중 가장 가난한 자들은 이런 방식으로 스스로를 성스럽게 만들어가고, 그러면서 스스로 가톨릭이 되는데, 긴급한 경우에는 빠르게 가톨릭이 된다.

병에 시달리는 협력자들도 이와 마찬가지로 자신의 고통을 통해 스스로 성스러워지며, 또한 예수와 예수의 위임을 받아 그를 위해 일하는 수녀들을 위해 기도함으로써 스스로 성스럽게 된다. 육체적인 봉사를 통해 활동하는 수도회 수녀들과 수사들은 예수의 대변인들 옆에서 빈곤한 생활을 함으로써 스스로를 성스럽게 한다. 그리고 그 과정에서 자신들이 수도회에 들어오면서 행했던 서원으로 자신의 책임을 온전히 떠넘긴 예수를 위해 자기 자신을 바친다. 또한 모든 세속적인 것을 뒤로하고 자신의 사랑에 대한 갈증을 오히려 사랑을 베푸는 행위로 진정시킴으로써 스스로 성스럽게 되는 과정에 참여한다.

마더 데레사는 이렇게 말한다.

> 나의 자매들이여, 그대들이 그저 선량한 수도회의 수녀들로 머무른다면 나는 그대들에게 만족하지 못합니다. 그대들은 하느님에게 자신을 완전히 희생물로 바쳐야 합니다. 성스럽게 되기로 결정한다는 것은 많은 대가를 감수하겠다고 결심하는 것입니다. 세속의 것을 버리는 것, 욕망과 투쟁, 박해 등 모든 가능한 종류의 희생들이 성스럽게 되고자 결심한 사람들 앞으로 다가옵니다.
> … "내가 성인이 되고자 한다"는 것은 하느님께 속하지 않은 모든 것들로부터 자신을 깨끗하게 정화한다는 것이며, 나아가 나의 의지와 나의 성향, 나의 기분, 애착을 가지는 것들을 거부한다는 것이며, 또한 나를 하느님의 의지 아래에서 완전히 자유의지에 의한 노예로 만든다는 것입니다.
>
> — Geistliche, p.64

관상수도회의 수녀와 수사들도 이런 방식으로 스스로를 정화하는데, 물론 다음과 같은 차이는 있다. 그들은 병들고 고통을 당하는 협력자들과 마찬가지로 육체적인 활동을 통해 봉사하는 사람들이 성스러운 존재가 될 수 있도록 기도함으로써 혹시라도 발생할 수 있는 예수의 사랑의 부족분을 보충할 수 있게 한다. 여기서 사랑의 부족분이란 기도 중이거나 빈곤한 자들을 위한 봉사 중에 있는 육체적인 봉사 활동을 하는 자들이 미처 주목하지 못하는 경우 또는 하느님의 가르침에 반하는 경우, 그리고 이런 방식으로 예수의 사랑을 빼앗는 경우를 뜻한다.

마더 데레사는 수도회 공동체와 평신도 공동체를 각각 '활동적인' 수도회 및 공동체와 '관상적인' 수도회 및 공동체로 구분하는 체계를 만듦으로써 '사랑의 공동체'를 형성했다. 이 유기체는 육체적·정신적으로 고통받는 예수를 온전히 사랑으로 보살필 수 있게 했다. 그렇게 해서 마더 데레사는 자신의 공동체들이 예수의 다섯 상처를 대변하고 그 고통을 경감시키게 했다.

즉, 관상적인 수도회는 그들의 손을 모아 기도하고, 이런 속죄 방법을 통해 예수의 손에 있는 상처의 아픔을 잠재운다. 또한 몸을 바쳐 봉사하는 활동적인 수도회는 예수의 발의 상처로 인한 고통을 감소시키게 되는데, 이는 그들이 전 세계를 어디든 넘나들며 사도로서의 역할을 행함으로써 가능하다.

성직자가 아닌 평신도들로서 마더 데레사의 협력자가 된 사람들도 예수의 심장에 있는 상처의 아픔을 줄어들게 한다. 그것이 가능한 이유는 그들이 가족이 있는 각자의 집에서 세계의 심장을 형성하기 때문이다. 좀 더 구체적으로 말하면 세상의 모든 사람들이 경건한 성가정이 되어 스스로를 속죄하고 성스럽게 되며, 이런 방식으로 예수가 사랑으로 인해 행한 죽음을 가치 있는 것으로 만들기 때문이다.(Spink, p.175 참고)

마더 데레사의 관점에서 보면 성스럽게 된다는 것은 자신을 희생하고 모든 세속적인 것들을 포기하는 행위와 결합하는 것을 의미한다. 왜냐하면 원래 그 존재 자체와 그가 속하는 세상은 존재하는 사람들의 영혼을 하느님으로부터 분리하는 것이기 때문이며, 따라서 자기를 희생한다는 것과 세속의 것을 포기한다는 것은 영혼이 하느님과 연결되었음을 의미한다.

마더 데레사는 이렇게 말한다.

> 포기한다는 것은 나의 완전한 의지, 나의 이성, 나의 고유한 삶을 순수한 믿음 속에 내놓는 것을 의미한다. … 포기는 또한 사랑이다. 나 자신을 더 많이 포기할수록 우리는 하느님과 사람을 더 많이 사랑하게 된다. … 예수님은 내가 나의 완전한 신뢰를 그분께만 온전하게 맡기기를 요구하신다. 나는 나의

완전함을 완성하기 위해 나 자신의 희망들을 포기한다. 나는 그분에게 완전히 나를 인도해야 한다. 어디서 성스러운 존재가 되는 길을 찾게 될지 정확히 알지 못해도 된다. 나는 나 자신으로 인하여 하나의 성스러운 존재가 되게 해 달라고 그분에게 기도한다. 그리고 어떤 방법으로 그곳에 이르게 될지를 결정하는 선택의 행위는 그분에게 의탁한다.

― Geistliche, p.89

다른 글에서는 "성인이 된다는 것은 하느님에 속하지 않는 것들로부터 나를 벗어나게 하는 것이다."라고 쓰고 있다.(Feldmann, p.106) 마더 데레사는 당연히 그리스도교의 전통 안에서 스스로를 성스럽게 만들기 위한 자신의 견해와 방법을 사용하면서 활동을 해 나갔다. 하지만 그녀의 생각에는 봉사를 주고받음으로써 서로의 고난을 상쇄한다는 관점이 담겨 있고, 그런 전제 아래 속죄에 대한 생각을 우위에 두고 있는 것으로 보아 영성의 근원이 예수회적이라는 것을 알 수 있다.

자기를 성스럽게 하기 위한 이그나티우스적인 방법은 하느님이 사람에게 행하는 과업에 대한 성찰, 사람이 하느님에게 행한 바에 대한 반추, 그리고 그 죄로 인한 차이를 상쇄하려고 하는 결정과 함께 시작한다.

여기서 생각해 보아야 할 것은 다음의 내용들이다.

우리 구세주인 하느님이 나를 위하여 얼마나 많은 것을 행하셨는가, 그분 자신이 소유한 것 중 무엇을 내게 주셨는가, 그리고 이런 것들과 이어서 그 자신을 나에게 선물로 주신 그 하느님이 자신이 원하는 한에서 어떻게 그에 대한 대가를 요구하시는가를 생각해 볼 가치가 있다. 그리고 나서 나 자신에 정신을 집중해서 충분한 이성적 근거와 정당성을 가지고 내가 나 자신의 입장에서 위대하신 하느님께 드릴 것이 무엇인지를 생각하며, 또한 그분이 커다란 희생을 한 것과 마찬가지로 내가 가진 모든 것과 나 자신을 바쳐야 한다는 사실이다.

그리고 "하느님, 나의 모든 자유, 나의 기억, 나의 이성 그리고 나의 의지 전체, 내가 가진 모든 것, 당신이 나에게 주셨던 나의 소유물을 가지십시오. 당신이 나에게 주신 모든 것을 당신께 돌려드립니다. 모든 것은 당신의 것이니 당신의 뜻대로 가져다 쓰십시오. 당신의 사랑과 은총을 주시면 나는 그것으로 충분합니다." 하는 것들이다.

— 영성 수련, No. 234

제2차 바티칸공의회는 우선 수백 년 동안 지배해 온 속죄에 대한 생각을 하느님이 나와 함께한다고 하는 생각을 위해 유보해 놓았다. 마더 데레사의 사업이 대중들에게는 근대적인 '하느님이 함께한다'는 범례 하에서 받아들여졌다. 즉, 다양한 신앙과 다양한 지역 출신의 사람들이 핵심적으로는 하느님의 창조물이라고 하는 인식, 그렇기 때문에 하느님이 그들 안에 존재하고 세계 속에 존재해서 그에 대한 사랑으로 우리와 함께한다는 인식이 그것이다.

이런 해석은 마더 데레사가 고통받는 예수와 그녀가 돕고자 했던 가난한 자들 중 가장 가난한 자들, 그녀가 예로 들었던 대상과 그녀의 호소, 그들을 돕는다는 것과 그 곁에 있는 것을 동일시하는 데서도 나타난다.

그래서 세상 사회는 마더 데레사의 활동을 자기 자신을 버린 사회봉사로 판단했고, 거꾸로 거기에 대항하는 그녀의 저항은 활동의 영적인 깊이 속에서 헤아려질 수 없었다. 마더 데레사 역시 세상 사람들에게 자신의 깊은 정신의 근원과 선교의 목적을 이해시키는 데, 그리고 세상이 '하느님이 함께한다'는 의미를 성스러운 죄속 활동의 입문 정도로 인식할 수 있게 하는 데 별로 노력을 기울이지 않았다.

Chapter

05

영성 靈性

고통과 빈곤에 대한 존중

마더 데레사가 만든 여러 개의 수도 공동체를 서로 연결하는 것은 그녀가 제시한 공동의 목적, 즉 "십자가에 못 박힌 예수가 가지고 있는 영혼 사랑에 대한 끝없는 열망을 충족시킨다는 것"이었다.(Spink, p.43) 성당에서 볼 수 있는 "목마르다!"라는 문구가 적힌 십자가상은 이러한 생각의 핵심을 표현하는 문장이며, 이것이 데레사의 목적에 대한 묵상이 중단되지 않게 돕는다고 한다.

예수의 목마름은 정신적이고 육체적인 자비심을 포함하는 이웃 사랑의 사업을 통해 해소되고, 속죄를 위한 각종 수단과 기도를 포함하는 보속과 희생 사업을 통해 그의 갈증은 진정된다. 예수의 고통에 대한 숭배는 그의 심장에 난 상처를 숭배하는 것과 마찬가지로 중세 후기 사회, 특히 수도원과 같은 영역에서 집중된 신심 행사에서 선호되었던 내용이다. 그 숭배 사상은 자체적으로 수많은 신심 행사의 형식을 새롭게 발전시킨 바 있다. 그 원인은 하나의 새로운 예수상이었는데, 이는 마더 데레사의 고난 중심적 영성을 표현하는 데 하나의 기초적 열쇠가 된다.

십자가의 초기 그리스도교적 이미지는 승리의 표현이었고, 예수는 십자가에 올곧게 서 있는 지배자였다. 그의 머리는 왕관으로 장식되었고 어떤 고통의 흔적도 나타나 있지 않았다. 그런데 이런 형상은 12세기에 점차 고통을 당하고 있고, 그로 인해 함께 고통을 감당해 줄 가치를 담은 예수의 표현으로 대체되었다.

베른하르트 폰 클레르보(1190/91~1153)는 이러한 예수상의 패러다임을 변화시키는 과정의 초기에 존재했던 인물이다. 그는 이것을 변화시킴으로써 지배자인 하느님과의 만남을 개인적으로 경험하는 것을 가능하게 만들었고, 그럼으로써 하느님에게 애정을 가지고 내면적으로 접근할 가능성을 만들었다.

모든 개별적 인간들에 대한 사랑으로 인해 가장 극단적인 육체적·정신적 고통 속에 놓였고, 자신의 죽음으로 인간을 구원하고자 인간이 된 하느님에 대한 성찰은 모든 그리스도교인들에게 십자가에 매달린 하느님에 대한 연민을 불러일으키며 그 행위에 부응해 응답하려고 하는 사랑의 감정을 불러일으켰다.

이런 방식으로 하느님은 '자기 자신의 영혼'에 의해 진실로 사랑으로서 경험된다. 하느님은 영혼들에게 그들을 사랑하는 존재로, 그리고 고통받는 존재로 나타나며, 그 영혼들은 그 사랑과 고난을 신비롭게 바라보면서 신과 자신의 결합을 경험하게 되고, 거기에서 스스로 사랑과 연민에 사로잡히게 된다.

이와 같이 내밀한 영적 예수를 경험하는 것은 새로운 중세 후기적 수난 신심을 형성하게 되고, 이는 새로운 신심 행사를 낳았다. 그것은 대략 '다섯 상처'에 대한 숭배, '고통의 도구', 예수의 성심 또는 고통 속에 있는 구세주에 대한 숭배 등이었다. 사랑으로 인해 스스로 고통을 겪은 예수를 관찰함으로써 신비적인 하느님을 체험하는 효과는 20세기에도 대체로 예수의 상처(그것이 진짜이든 아니든)와 같은 것들을 통해 나타났다. 17세기의 가톨릭 개혁과 19세기와 20세기 초의 가톨릭 부흥기 동안 수난 신심은 교회에 의해 집중적으로 강조되고 촉구되었다.

고난에 대한 숭배는 오늘날에도 보수 단체들이나 수도원적인 영역에서는 여전히 선호되고 있다. 그럼에도 불구하고 이 수난 신심은 제2차 바티칸공의회 이후 어디에서도 더 이상 청소년기에 이 신심에 매료되어 평생 그 주위를 맴돌았던 마더 데레사의 경우처럼 그렇게 분명하고 공공연하게 내세워지지는 않았다.

물론 이것은 실용적인 의미에서 생겨난 것이기도 했다. 왜냐하면 마더 데레사는 전 생애 동안 이론적인 신학에 매달릴 여유가 없었기 때문이다. 그녀의 영적인 태도에는 고난 숭배 경향이 관통하고 있었고, 그녀는 일상에서 그런 특별한 방식으로 신을 만나는 일을 실행하고 있었다. 당연히 그녀는 자신이 행하는 수난 신심 행사를 자신의 수도회 생활과 기도의 실천 속에 안착시켰는데, 이 과정에서 개혁적인 노선에 발을 들여놓으려 한다는 비난을 받지 않고도 이를 행할 수 있었다.

중세 말기에 시작된 예수 수난 신심 행사를 예수회는 자기 수도회만의 고유한 묵상 방식으로 발전시켰는데, 이에 기여한 사람은 예수회의 창립자인 로욜라의 이그나티우스(1491~1556)였다. 그 이후 이 묵상의 방식은 '영성 수련'이라고 불리면서 실행되었다. 일생 동안 예수회의 영역 내에서 움직였던 마더 데레사는 이러한 영성 수련 속에서 스스로 자연스럽게 이를 경험했고 자신의 수도회에도 이를 적용했다. 그녀는 이와 함께 예수의 고통을 내면적으로 체험하기 위해 훨씬 더 단순하고 더 오래된 신심 행사의 실행을 추천했다.

예를 들면 그녀는 14세기에 여성 수도원에서 실천되었던 신심 행사를 도입하고자 했다. 이것은 수녀들이 자신들의 목에 두른 수건에 단추를 채우면서 예수의 목에 둘러져 있던 줄을 생각하고, 두건을 머리에 쓰면서 가시관을 쓴 예수의 왕관을 떠올리는 방식이다. 또한 병든 자들을 돌보면서 (이를 행함으로써) 예수를 보살핀다고 생각하고 기력을 다시 회복시키는 것처럼 간주하는 것도 이 방식에 해당한다.

 그런 종류의 생각 게임을 실천함으로써 기도 시간이 아니라 일하는 시간에도 틈틈이 고통받는 예수를 묵상하게 되고, 그럼으로써 그와 직접적으로 만나는 일이 끊기지 않을 수 있는 것이다. 마더 데레사는 사랑의 선교회 수녀들에게 정확하게 이런 방식의 신심 행사를 실행하도록 지시했다. 왜냐하면 그녀들의 과제는 "어디서나 하느님의 현존이 언제나, 그리고 모두에게 특히 모든 이들의 마음 안에 임하게 하는 것"이었기 때문이다.

 그녀들은 슬리퍼에 발을 넣으면서 조건 없이 예수가 가는 곳이 어디든지 그가 향하는 곳을 따라가겠다는 자신의 약속을 기억하고, 자신의 어깨에 놓인 십자가를 통해 십자가에 못 박힌 예수의 고통은 물론 그의 사랑도 공유하는 공동체임을 깨닫는 것이다.

 그녀들이 수호자로 여기는 마리아와 연관해서도 마더 데레사는 그녀와의 영적인 연관성을 지속적으로 유지할 것을 권했다.

그래서 그녀들은 사리를 몸에 걸치면서 낙담에 빠진 마리아의 겉옷 안으로 미끄러져 들어가게 되며, 허리에 띠를 매면서 마리아의 순결을 따르도록 노력하게 된다. 그리고 그녀들에게 기쁨, 고통, 그리고 영광을 현재화시키는 묵주 기도를 통해 마리아의 순수를 언제든 떠올리게 된다.

이 신심 훈련은 가난한 자들 중 가장 가난한 자들에게도 예수의 고통에 동참하고 속죄하는 방법으로 추천되었다.

> 내가 끔찍한 두통을 얻는다면 나는 그것을 예수님과 함께 나누며 마치 그분이 가시관을 머리에 왕관처럼 쓰셨던 것처럼 그분과 고통을 같이하게 되는 것이다. 만약 내가 등에 고통을 느끼게 된다면 기둥에 묶인 그분이 느끼시는 고통을 같이 느끼게 되는 것이다. 내가 손과 발에 통증을 얻게 된다면 나는 십자가에 못 박히신 예수님과 고통을 같이하게 되는 것이다.
>
> — Spink, p. 245

그런데 그것들은 예수에 대한 인식을 탐구하는 데도 도움이 된다. 즉, "십자가의 못은 나에게서 연원하는 것인가? 그의 얼굴에 남겨진 침은 내가 뱉은 것인가? 그의 육신과 그의 정신의 어떤 부분이 나로 인한 고통의 자리인가?"에 관한 인식들을 탐구하는 데도 이러한 정신적 훈련은 도움이 된다.

이그나티우스식의 실천은 소모적이고 힘이 드는 일이다. 그것을 실천하면서 행하는 자기 암시들을 통해 '내면의 다섯 가지 묵상'과 함께 예수의 삶과 고난에서 유래한 일들을 그렇게 본성에 충실하면서도 가능한 한 집중적으로 체험하게 하고, 그 이후 하나의 영적인 깨달음에 이르게 하는 것이다.

'내면의 다섯 가지 묵상'은 예수의 피가 자신의 뺨 위를 흐르는 것처럼 내면으로 느끼는 것이고, 생각 속에서 냄새를 맡고 보고 맛을 느끼고 그의 숨소리를 들음으로써 거기에서 어떤 특정한 내적 성향을 생산해 내게 된다. 이것은 다시금 전체적으로 자신의 악함을 넘어서서 참회에 이를 수 있게 한다.

그러므로 이 과정은 속죄의 마음과 결합되면서 이후 예수를 따르고 마침내 하느님을 사랑하게 되며 하느님과 합일에 이르게 되는 것이다. 그리고 마지막의 것은 예수의 고난에 대한 성찰을 전제로 한다. 영혼들은 이런 방식을 통하여 점점 더 순수해지고 하느님을 닮아 가며 더욱더 하느님을 사랑하게 되고 그로 인해 점차 성스럽게 된다.

예수는 그들을 위해 스스로 십자가에 매달림으로써 이 사랑에 응대하며 그 영혼들을 자기 안에 포용한다. 영성 수련의 일부분이기도 한 사랑에 이르기 위한 이런 숙고를 따라가다 보면 하느님의 사랑이 말보다는 자비심 또는 이웃 사랑을 위한 활동 속에 놓여 있다는 것을 발견하게 된다. 적어도 원리상으로는 그렇다는 것이다.

　마더 데레사는 이 영성 수련의 최고 단계이자 가장 최고의 효과인 하느님의 사랑이 나타나는 예수의 고난을 묵상하는 훈련을 일상생활에서도 중단 없이 실현하고자 하였다. 이를 위해 고난 중에 있는 예수와 가난한 자들 중 가장 가난한 자들을 동일한 것으로 설정함으로써 결국 고난받고 있는 하느님을 온종일 살펴볼 수 있게 되었다.

　게다가 그의 고통을 줄이기 위해 일하는 동안 그를 생각하는 강도가 느슨해지지 않게 되고, 또한 가난한 자들 중 가장 가난한 자들을 돌봄으로써 점점 더 커져 가는 하느님에 대한 사랑의 열정을 중단시키지 않고도 하느님의 고난을 보살피는 것이 가능해진다. 이런 방식으로 예수의 고난에 대해 보상을 하게 되고 자기 영혼의 죄를 씻으며 성스럽게 되는 것이다. 또한 가난한 자들 중 가장 가난한 자들은 구원되며, 더 나아가 예수가 가지고 있던 영혼에 대한 갈증은 해소된다.

　마더 데레사가 가지고 있던 경건성의 역사적인 배경을 이해하기 위해서는 그녀가 왜 그렇게도 끔찍하게 사랑의 선교회를 사회봉사(사회사업)와 연결해서 언급하기를 거부했는가를 이해해야만 한다.

우리가 행하는 모든 것은 예수님을 위하여 행하는 것입니다. 우리의 삶은 그 외의 아무런 의미를 가지고 있지 않으며 다른 활동의 이유도 존재하지 않습니다. 이것을 많은 사람들이 이해할 수는 없습니다. 나는 하루 24시간을 예수님을 섬기기 위해 보냅니다. 나는 모든 것을 그분을 위해서 행합니다. 그리고 그분은 나에게 이를 수행하는 데 필요한 힘을 주십니다.
나는 가난한 자들 속에 있는 그분과 그분 안에 있는 가난한 자들을 사랑합니다. 그러나 하느님은 무엇보다도 첫자리에 계십니다. 매번 방문자가 올 때마다 나는 성당으로 그를 이끌고 가서 기도를 하고 그에게 이야기합니다. "우선 우리 집의 주인이신 하느님께 인사합시다. 예수님이 여기에 계시고 우리는 그분을 위하여 일하고 그분께 우리를 선물로 바칩니다. 그분은 우리가 기쁨으로 그 일을 수행하는 데 필요한 힘을 주십니다."라고.

— 마더 데레사, 『대양』, p.10

만약 당신이 목마른 자에게 물 한 잔을 제공하면, 그것은 당신이 예수님께 드린 것입니다. 이것은 소소하고 단순한 가르침이지만 이것이 가장 중요하다는 것을 정확하게 알아야 합니다.

— 위의 책 p.14

　예수가 영혼에 대해 목말라하는 것을 가난한 자들 중 가장 가난한 자들을 돌봄으로써 해소시킨다는 생각의 근본원리는 그녀가 지니고 있던 전통적인 고난 신심 앞에서, 그리고 고난을 묵상함에 있어 예수회가 강조해 온 속죄에 대한 사고에서 명백히 나타난다. 게다가 오랫동안 위의 것들이 조합되어 온 전통은 자기 자신이 성화하는 것, 구원, 영원한 삶과 같이 마더 데레사가 묵상을 통해 얻으려고 했던 영적인 성과의 사용을 가능케 했다.
　그래서 마더 데레사는 기도한다.

　　고통받는 예수여, 제가 매일 돌보는 사람들 안에서 오늘 그리고 매일 당신을 보게 하소서. 그들을 돌봄으로써 당신을 섬기게 하소서.
　　… 사랑하는 병자들이여, 당신은 내게 얼마나 큰 사랑인지 모릅니다. 왜냐하면 당신이 바로 예수님의 초상이기 때문입니다. 내가 당신과 함께 활동할 수 있는 것도 나의 영광입니다. 오 하느님, 당신은 고통받고 있는 예수이시기에 당신의 화평 속에서 저의 잘못에 대해 관용을 베푸는 고통을 참아내십니다. 예

수입니다. 그리고 제가 당신을 사랑하기를 원하시며, 모든 고통 받는 사람들 각 개인에게 봉사하고자 한다는 것을 보십시오. 주님이시여, 저의 믿음을 강건하게 하소서. 저의 수고와 저의 일을 이제와 같이 그리고 영원히 축복해 주소서.

― 마더 데레사, 『영혼의 텍스트』, p.13

리지외의 성 데레사를 본받아

　마더 데레사의 영성상의 이력이 지니는 가장 의미심장한 특징은, 그녀의 고난 신심이 하나의 광범위한 속죄 모델과 결합되어 있다는 점이다. 이러한 이력은 고난 신심의 역사에 비추어 볼 때 중세 후기에 만들어진 예수회적인 신심 행사와 묵상 속에서 생겨난 것이다. 그것은 그녀가 청소년기 때부터 높이 존경했던 리지외의 성 데레사의 경험과 기원적으로 연관성이 잘 맞아떨어진다.
　리지외의 성 데레사는 마더 데레사와 영성적으로 같은 전통 속에 있다. 그래서 마더 데레사는 리지외의 성 데레사를 하나의 모범으로 삼아 세세한 부분마다 자신의 경우와 그 모범이 연관 관계를 지니도록 도입하고 변화시키기도 했던 것이다.

결론적으로 말해서 영성에 관한 한 마더 데레사는 전혀 독창적이지 않으며, 오랫동안 유지되고 보호받아 온 교회의 전통들을 기원으로 한다. 특히 리지외의 성 데레사에게서 그녀는 모든 것, 즉 전통, 승인, 그리고 자신이 동질화시키고 싶은 인물을 발견했다.

마더 데레사의 영적인 발전과 그녀가 선호한 영적 경향들을 형성하는 데 리지외의 성 데레사의 글에서 받은 감동이 분명히 영향을 미쳤던 것으로 드러난다. 그리고 그녀는 세상에 알려진 그녀의 다른 습성과는 달리 전 생애를 통해 자신을 이끌었던 청소년기의 가르침의 영향이 컸음을 스스로 고백한 바 있다.

마더 데레사의 영적인 세계가 신학적인 전통과 연관 있는 것으로 파악될 수 있다는 것이 분명하다고 하더라도 거기서 리지외의 성 데레사와 연관된 것이 매우 많은 부분에서 드러난다는 사실, 특히 별로 눈에 띄지 않는 세세한 부분들에서까지 그런 경향이 나타난다는 사실은 놀랄 만한 일이다. 그렇기 때문에 이에 대해서는 좀 더 자세히 살펴보는 것도 의미 있을 것이다.

세속명이 마리 프랑수아 테레즈인 리지외의 성 데레사 (1873~1897)는 주교의 특별 허락을 받고 열다섯 살 때 리지외의 가르멜회에 들어갔다. 그녀는 거기에서 1893년 이후 수련장이 되었으며, 1896년부터 결핵을 앓다가 1897년 가을에 임종했다.

1895년에 그녀는 수녀원장의 지시에 따라 자신의 종교적 체험을 어린 시절부터 차례로 기술하기 시작했는데, 이것이 『한 영혼의 이야기』라는 제목으로 출간되었다.

『한 영혼의 이야기』는 여러 나라에 번역되었으며, 가톨릭에서 신앙심 고취를 위해 발행한 책들 중 가장 많이 읽히는 책에 속한다. 이 책을 비롯하여 그녀가 쓴 몇 편의 시와 기도, 그리고 편지들은 요한 바오로 2세에게도 전달되었고, 1997년 10월 19일에 교회박사로 선발되었다.

리지외의 성 데레사는 엄격한 신학 교육을 받지도 않았고, 전통적인 사고방식에서 벗어나지도 않았다. 그래서 그녀의 글들은 매우 단순하게 쓰여졌고, 이런 이유로 마더 데레사는 대체로 교육을 많이 받지 못한 수녀와 수사들에게 그녀의 글들을 추천하게 되었다.

리지외의 성 데레사의 친자매로서 50세 무렵이 되어서야 처음으로 비판적 경향의 글들을 편집하게 되었고, 그런 글들을 통해서 성 데레사의 영적 자매가 된 파울리나의 평론들도 알려지게 되었다. 그러나 이런 것들은 늘 그랬듯이 거의 이용되지 않았다.

오늘날의 사람들은 마더 데레사가 그렇게 좋아했던 글들에 대해서 매력적이라거나 경건하다는 평가를 내릴 수 없을지도 모른다. 그럼에도 불구하고 그 책들은 당시의 시대 상황에서는 종교적인 신심을 기르기 위해 책에 거는 기대들을 충족시켜 줄 만큼 시대의 입맛에 부합했다.

리지외의 성 데레사는 마더 데레사에게 수도원과 신앙의 길로 들어서는 문을 열어 주었다. 그녀는 전체적으로 이해하기 쉬우면서도 동시에 상당히 과격한 방식으로 문학의 형식을 빌려 쓴 영적인 자서전에 자신이 선호하는 모든 영적인 영역의 주제들을 표현했다. 즉, 고난의 희생과 기도 봉사, 복종, 겸손과 청빈의 유지로 자기 자신과 세상을 완전히 포기함으로써 자신을 성스럽게 하고 하느님에 대한 사랑을 증대시키는 것이 그것이다.

리지외의 성 데레사가 사용한 용어들 중 많은 용어들이 마더 데레사에게서도 나타난다.

후에 그 완결성이 드러났을 때 내게 분명해졌던 것은 성스럽게 되기 위해서는 많은 고난들을 견뎌내야 하고 지속적으로 완전한 상태가 되도록 노력해야 하며 자기 자신을 자제해야 한다는 점이었다. 나는 매우 높은 수준의 성스러움이 존재한다는 것, 그리고 모든 영혼들이 적거나 많거나 간에 하느님의 사랑을 얻고자 하면서 그분의 초대에 응할지 응하지 않을지, 한마디로 이야기하면 그분이 요구하시는 희생 중에서 어느 것을 얼마나 하느냐를 선택하는 일은 완전히 자유라는 것을 알았다. 그래서 나는 내 어린 시절의 어느 날에 했던 것과 마찬가지로 크게 외쳤다.

"하느님, 제가 모든 것을 선택하겠나이다. 저는 절반만 성스러워지기를 원하는 것이 아닙니다. 당신을 위하여 제가 고난을 감당하는 것이 하나도 두렵지 않습니다. 단지 제가 두려워하는 것은 저 자신의 의지입니다. 그것을 받아 주십시오. 왜냐하면 저는 당신이 원하는 것을 모두 하도록 예정되어 있기 때문입니다."

― 성 데레사, 『한 영혼의 이야기』

심지어 사랑의 선교회의 모토인 "목마르다!"도 마더 데레사가 리지외의 성 데레사에게서 받은 것이다. 그녀는 이것을 다른 것과 마찬가지로 자기 자신을 성스럽게 하고 세계도 성스럽게 만들기 위해 행하는 자기 자신과 다른 사람의 고난의 희생이라는 문맥 속에 적어 두었던 것이다.

자신의 영혼과 하느님의 관계 사이에 예수의 고난을 경감시키는 동시에 속죄하는 방식으로 제3자를 집어넣는 것 역시 리지외의 성 데레사가 진행한 선교의 기원이자 내용이며, 그에 대한 정당화를 위해 사용한 방법이었다. 예수에게 마실 것을 주는 것이 그녀에게는 역시 그에게 영혼을 이끄는 것이고 선교하는 것임을 의미하며, 하느님의 사랑 안에 불타오르고 성스럽게 되는 것임을 의미한다.

　중세 후기 신비주의자들의 필법을 모방한 것이자 개념적으로 성심 공경과 관련된 그녀의 강조하는 듯한 언어 스타일도 마더 데레사를 살펴보다 보면 눈에 띈다.

　내가 어느 주일에 미사를 마치면서 기도서를 닫으려고 할 때 한 장의 사진이 거기서 미끄러져 떨어졌는데, 이는 예수님이 십자가에 달려 있는 모습이었다. 그런데 나는 거기서 오로지 못으로 인해 구멍이 나서 피를 흘리고 있는 그분의 손 중 하나만을 보았다.
　그 순간 나는 예전에는 전혀 알지 못했고 언급해 보지 못한 것을 느꼈다. 어느 누구도 모으려고 애쓰지 않아 땅으로 방울져서 흐르고 있는 그 귀중한 핏방울을 보면서 나의 심장은 고통으로 찢어졌다. 그리고 나는 결심했다. 마음속으로나마 끊임없이 십자가의 발치에 머물며 하늘에서 떨어지는 이슬을 받아 그 감로를 영혼들 위에 부어 주리라고.
　바로 이날부터 구세주께서 숨을 거두시며 외치신 소리가 울렸다. 즉, "목마르다!"라는 소리가 나의 심장 속에 들어앉았고, 거기서 이제까지 전혀 알려진 바 없는 빛나는 열정이 불붙

듯 일어났다. 나는 내가 깊이 사랑하는 대상에게 마실 것을 주고자 한다. 그렇다. 나는 영혼에 대한 갈증으로 인해 나 자신이 소진되는 것을 느꼈다. 모든 대가를 치르고서라도 나는 죄인들에게 영원한 불꽃을 피워 올리겠다.

… 이러한 비교할 수 없는 은총을 경험하고 난 뒤, 영혼들을 구하고자 하는 나의 열망은 날마다 커져 갔다. 예수께서 내게 낮은 목소리로 마치 언젠가 사마리아 여인에게 하셨던 것처럼 "내게 마실 것을 다오." 하고 속삭이시는 소리를 들었을 때, 내게는 이것이 하나의 진정한 사랑의 주고받음을 의미했다.

나는 그 영혼들에게 예수님의 피를 보여 주었고, 그리고 나서 그들에게 봉사를 했다. 왜냐하면 그들이 골고다 언덕의 밧줄에 묶인 자에게 도움을 주어 힘을 얻게 했기 때문이다. 그렇게 나는 내 하느님의 목마름을 해소해 드리기를 희망했다. 그러나 내가 그분에게 마실 것을 드리면 드릴수록 불쌍한 작은 영혼들을 향한 나의 갈증은 점점 더 늘어갔지만, 나는 이 불붙는 갈증을 가장 가치 있는 보상으로 여겼다.

— 성 데레사, 『한 영혼의 이야기』

마더 데레사의 관상적 삶의 기초가 되며 그녀를 돕는 모임인 병에 시달리는 이들로 구성된 협력자회, 또는 선교사나 사제들을 정신적으로 지원하는 과정에 작용하는 기본 전제 중 하나는 "대신 행하는 기도와 대신 감당하는 고통으로 인해 죄를 용서받게 된다"는 생각이며, 이는 리지외의 성 데레사가 자신의 신앙을 행하는 데도 일종의 받침대 같은 것이었다. 그녀는 커다란 열정으로 병든 자들을 받아들였고, 비록 훨씬 작은 규모이기는 했지만 선교사들이나 사제들을 뒤에서 지원하는 영적인 후원자들도 열정적으로 받아들였다.

"나는 이러한 산책의 무거운 짐을 한 선교사를 위해 바칠 것입니다. 아마도 먼 훗날 언젠가는 그 선교사가 너무나 힘이 빠져 거의 탈진한 상태로 자신의 선교를 계속해 나가겠지요. 그러면 나는 그의 고통을 줄여주기 위해 하느님을 향한 나의 피곤함을 바칠 것입니다."라고 리지외의 성 데레사는 이야기했다. 또 죽음 바로 직전에 이렇게 말했다.

"어머니, 성작의 테두리까지 가득 찼습니다. 아닙니다. 저는 사람이 정말 그렇게 많은 고통을 감당할 수 있다는 것을 한 번도 생각해 본 적이 없습니다. 그것은 아마도 영혼을 구원하는 일에 대한 열망이 그만큼 강했기 때문이라고 설명할 수 있을 것 같습니다."

이런 이유로 마더 데레사는 때때로 병원에서 진통제 맞는 것을 거부했는데, 그것 또한 그녀가 "자신의 고통을 하느님에게 가

져가고자 했기" 때문이었다. (Spink, p.226)

하지만 리지외의 성 데레사는 자기 자신의 고통에서뿐만 아니라 마더 데레사가 그랬던 것처럼 외부에서 오는 고통에서도 많은 기쁨을 얻었다. 그래서 그녀는 아버지가 3년간의 병상 생활 후 사망했을 때, 이에 대해 다음과 같이 썼다.

> 후에 하늘에서 만나 즐겁게 이 유형지에서의 어두운 생활에 대해 이야기하게 될 것이다. 그렇다, 아버지가 순교자로서 시간을 보냈던 3년의 시간이 나에게는 우리 인생에서 경험하게 되는 시간 중 가장 사랑스럽고 풍요로운 시간이었다. 나는 어떤 매혹적인 유혹들이 나를 향한다 해도 그 시간과 바꾸지는 않을 것이다. 내가 경험한 이 대단히 값진 보석이 내게 그리고 나의 마음에 충만한 감사의 마음을 갖게 해 주었기 때문이다. 오, 하느님!
> 당신께서 고통 속에서 보낸 시간들로 인해 찬양받으시기를!
> … 나는 고통에 목말라 있고 업신여김을 당하는 것에 목말라 있다.
>
> — 『한 영혼의 이야기』

마더 데레사가 고통을 겪으면서 대속代贖의 과정에 있는 예수를 만나게 된다고 생각한 부분과 관련해서 볼 때, 그녀에게 영향을 준 본보기로서 리지외의 성 데레사 외에 다른 사람을 생각할 여지는 없다. 마더 데레사에게도 역시 예수의 존재는 구원 중에 있는 고통의 기쁨 그 자체였다.

> 고통 그 자체는 아무런 의미도 없다. 하지만 그것이 예수님과 연결되어 있다는 것을 연상한다면 정말 놀랄 만한 선물이 아닐 수 없다. 인간에게 전해질 수 있는 가장 아름다운 선물은 우리가 예수님의 고통과 동행할 수 있다는 것이다.
> … 예수님을 뒤따르는 일에서 골고다 언덕 위에 있는 십자가에 못 박히는 것을 분리할 수 없다. 고통의 의미와 결합되지 않은 우리의 봉사는 다만 사회사업이 될 뿐이며, 이는 매우 훌륭하고 남을 돕는 일이기는 하지만 예수 그리스도의 사업은 아닌 것이다.
> ― Spink, p.174

마더 데레사에 따르면 고통을 느낄 특권을 가진 사랑의 선교회 수녀들, 그녀 자신의 표현대로 하자면 고통에 대해 오히려 기뻐하는 리지외의 성 데레사 같은 수녀들은 이와 같이 그들이 즐거울 수 있는 나름의 이유들을 모두 가지고 있다.

나의 모든 자녀들아, 우리 모두 온전한 진심과 충만한 영혼을 바쳐 예수님을 사랑하자. 예수님에게 많은 영혼들을 인도하자. 웃어라. 너희들의 고통 속에서도 예수님을 보고 웃어라. 왜냐하면 사랑의 선교회에서 일하는 진정한 선교사가 되기 위해서는 너희들은 기뻐하는 희생자가 되어야 하기 때문이다.
너희가 어떤 특별한 것을 행하려고 하지 (또는 행한다고 생각하지) 말고 단지 예수님이 너희들의 삶을 사시도록 허락해야 한다. 그리고 너희는 항상 그분이 주시는 것을 받아들이고 환한 미소로 그분이 받아들이시려고 하는 것을 넘겨드려라.

— Spink, p.173

웃음 짓는 수련수녀들이여, … 나는 너희들의 기쁨에 찬 웃음이 만드는 음악을 듣는다. 성스럽게 되는 방법을 배워라, 나의 자매들이여. 왜냐하면 하느님의 뜻을 웃으면서 행하는 그곳에 진정으로 성스러워지는 길이 있기 때문이다.

— Spink, p.97

이를 위해 필요한 일은 자신을 온전히 바치는 것이며, 이는 또한 묵상을 통해 수련이 될 수 있다.
이에 대해 리지외의 성 데레사는 다음과 같이 썼다.

언제부터인가 나는 어린 예수님에게 나를 작은 장난감으로 제공했다. 나는 내가 만지거나 놀지 못하고 단지 보고 있어야만 하는 값나가는 대상으로 다루어지는 것이 아니라, 바닥에 내팽개쳐지기도 하고 발로 차이기도 하고 구멍이 나기도 하며 때로는 어두운 구석에 버려지기도 하고 몸이 짓눌리기도 하는 하나의 가치 없는 작은 공처럼 다루어지게 해 달라고 기도했다.

한마디로 이야기하면, 나는 어린 예수님이 나로 인해 즐겁게 되고 나로 인해 아이다운 생각이 실현되도록 도왔다.

— 『한 영혼의 이야기』

이런 내용과 비교할 수 있는 유사한 내용이 마더 데레사의 글에도 있다. 즉, "나는 하느님의 연필, 작지만 그의 손에 들어 있는 미약한 연필이 되어서 그분이 원하시는 것을 쓸 수 있게 되기를 바랐다."라고 한 것이다.(Feldmann, p.90)

마더 데레사가 찬양해 마지않던 '꽃들을 뿌리는 것'을 의미하는 '작은 길'이라는 생각 또한 리지외의 성 데레사에서 연원한다. 비록 그것들이 너무나 작을 수도 있지만, 그것 아래에서 예수를 위해 부단한 희생과 사랑의 표현들을 이해할 수 있다.

이와 관련하여 마더 데레사는 또한 "거대한 바다에 만약 몇 방울의 물이 없다면, 별로 비중이 없어 보이는 물방울들일지라도 만약 그것들이 없다면 그만큼 바닷물은 부족한 것이다."라는 말도 했다.

하느님은 모든 숨쉬는 순간에 은총을 베풀고 희생하시는 분이기 때문에 그의 위대성과 비교할 때 그 외의 사랑의 봉사는 거의 의미가 없게 되며, 따라서 그것은 단지 뿌려지는 '꽃들' 정도의 의미만을 지닌다. 사랑을 기반으로 하는 봉사의 성공 여부나 크기가 그리 결정적이지 않을지도 모르지만, 그 뒤에 있는 사랑은 결정적인 것이다.

마더 데레사는 심지어 수도회의 회헌을 공표하면서도 리지외의 성 데레사가 사용한 다음의 구절을 끌어다 쓸 정도였다.

> 나는 꽃을 뿌리는 일 외에 당신에 대한 나의 사랑을 증명할 만한 다른 수단을 가지고 있지 못합니다. 이것이 의미하는 것은 내가 어떤 작은 희생 하나라도 알아차리지 못한 채 지나가게 하지 않을 것이며, 어떤 눈빛도 어떤 언급도 회피하지 않으리라는 것입니다.
>
> 나는 아주 작은 실천이라도 의미 있게 이용하려 했고, 그것을 사랑으로 완성하려 했습니다. 사랑으로 인해 나는 고통을 감당할 수 있었고 사랑 때문에 스스로 기뻐했습니다. 그래서 나

는 꽃을 뿌리는 일을 할 것입니다. 그것들을 당신을 위하여 흩뿌리는 경우 외에 어느 한 가지 경우라도 나는 마주치지 않을 것입니다.

―『한 영혼의 이야기』; 마더 데레사, 『영혼의 텍스트』

 이쯤 되면 심지어 마더 데레사가 평신도의 해인 1987년에서 1년이 지난 뒤인 1988/89년에 세운 '사랑의 평신도 선교회' 역시 리지외의 성 데레사와 간접적으로나마 연결되어 있음을 짐작할 수 있다.
 성 데레사의 부모 루이 마르탱과 젤리 마르탱은 그들의 딸이 쓴 자서전이 큰 성공을 거둔 뒤 그녀 자체가 신앙적인 숭배의 대상이 되는 듯한 상황을 경험했고, 그녀의 삶이 전설이 되는 것을 보았다.
 그 전설에 따르면 부모는 원래 수도원에 가고자 했고, 오랫동안 정절을 지키고 살았으며, 한 사제의 조언에 따라 결혼을 했다. 두 사람은 아홉 명의 자녀를 두었는데, 넷은 어려서 죽고 다섯은 모두 수녀가 되었다. 당연히 가족 내에서의 일은 완전히 교회·종교와 관련되어서만 일어났고, 부모는 이 과정에서 많은 고통을 감내해야 했다. 젤리는 프란체스코 재속회에 몸담았으며, 루이는 최소한 4개의 교회 단체에서 일했다.

1974년, 성 데레사의 부모 모두에 대한 시복 절차가 시작되었고, 1989년 이를 위한 청원서가 제출되었다. 이때는 바로 마더 데레사가 신도들로 이루어진 공동체를 건설하는 시점이었고, 그 시복을 위한 절차는 잘 진행될 것으로 보였다. 하지만 이 절차는 결국 중단되었다. 왜냐하면 교황청의 담당 부서가 리지외의 성 데레사의 부모를 부부로 다루어야 할지 개인으로 다루어야 할지 명확히 결정을 내리지 못했기 때문이다.

이는 매우 드문 경우이기도 했고, 또한 이와 같이 매우 드문 경우인 성직자가 아닌 일반 신자를 복자의 반열에 올리는 것이 과연 가능한지 하는 문제가 시복 절차의 진행을 어렵게 했다. 마르탱이 행한 영웅적인 미덕은 1994년에 가서야 인정을 받았지만, 여전히 시복은 이루어지지 못했다.

마더 데레사가 이끄는 사랑의 평신도 선교회 역시 결혼의 순결을 유지하고 가능한 한 수도원에서 일상생활을 하는 것처럼 살아가려고 노력하는 모습을 보였는데, 이들 역시 성가정의 보호 아래 있었다. 이들은 그 '성스러운 마르탱 가족'을 자신들의 '현대적인' 가족 생활의 모델로 받아들이고 있을지도 모른다.

리지외의 성 데레사가 가지고 있던 고통 숭배와 속죄의 개념은 제2차 바티칸공의회의 일정한 개혁들을 점차 축소시키는 데 목적을 두고 일하며 교회 내에서 점차 더 많은 동조 세력을 확보해 가던 보수적인 가톨릭 집단들의 종교성에서 중요한 역할을 했다. 이 점은 그녀가 나중에 교황 요한 바오로 2세에 의해 교회 박사로 선포됨으로써 세상에 드러났다.

요한 바오로 2세는 마더 데레사와 리지외의 성 데레사와 마찬가지로 세상을 성스럽게 속죄시키는 일에 큰 비중을 두었다. 그는 이런 목적으로 하늘에서 이를 위해 빌어 주는 기원자들, 즉 순교자들과 성인들의 수를 두 배로 증가시켰다.

마더 데레사의 영적인 프로필은 세상에 거의 알려진 바가 없다. 단지 그녀가 세상을 위해 행했던 헌신적인 사회 활동들이 세속의 많은 사람들에게 미래에 대한 확신을 가져다주었다.

반면, 마더 데레사가 가지고 있던 광범위한 속죄 모델은 자신들이 이해할 만한 것을 주의 깊게 경청하는 교회 내부의 보수 회귀주의자들에게 바로 그녀의 보수성 때문에 그것이 미래를 제시하고 확신을 줄 만한 것으로 여겨졌다.

Chapter 06

비판의 폭격 속에서

돈에 대해 언급하지 않았다는 것

이미 언급한 대로 마더 데레사는 재정적인 문제를 하느님의 섭리와 연결시키는 매우 주목할 만한 경향을 보였는데, 이런 경향은 처음부터 나타났다. 마더 데레사에 대해 성인전적으로 쓴 글들에서는 그녀가 온전히 구걸과 기부에 의탁해서 재정 문제를 해결했다고 강력하게 이야기한다. 그리고 그녀에 관한 책들에는 마더 데레사가 자신에게 돈을 제공한 국가들에서 행한 만남과 기부에 대한 연설들을 공개하고 있다.

물론 이런 것들은 말할 것도 없이 모두 마더 데레사가 하느님에게 모범적으로 헌신했기 때문에 그에 대한 대가로 재정 문제를 어려움 없이 해결할 수 있었음을 보여 주는 일종의 전형적인 신화의 틀이다. 실상 그녀는 대중들에게 널리 알려진 사람이라는 이유로 수도회의 재정 문제를 모두 감당할 수 있었다.

이런 전형적인 틀은 또한 종교적인 면에서뿐만 아니라 세속적인 면에서도 유리하게 작용했다. 이 말은 종교적인 의미를 부여하지 않더라도 세상 사람들로 하여금 일반적으로 데레사가 하는 선한 일에 기부하는 것이 일종의 소명이라는 생각을 하게 했다는 뜻이다.

게다가 마더 데레사는 정기적으로 들어오는 재정적인 기부와 소득, 그리고 정부나 각종 기구에서 제공하는 재정 보조를 받지 않고 사양한다는 사실을 늘 강조했다.

"지속적으로 돈이 들어오는 것은 안정성을 의미한다. 그러나 나는 하느님의 섭리에 종속되기를 원한다." (Feldmann, p.91)

심지어 그녀는 마더 데레사 국제 협력자회가 해산되기 바로 직전에 만약 정기적인 것만 아니라면 기부의 양이 많든 적든 자신들을 향한 모든 기부에 응대하는 일이 얼마나 가치 있는 것인가에 대해 다음과 같이 이야기하였다.

우리가 행하는 사업이 제대로 유지되기 위해서는 우리는 많은 돈이 필요합니다. 하느님의 섭리는 우리와 함께 일하고 싶어하는, 마음이 넓은 사람들을 통해 필요한 것이 이루어지는 것을 염두에 둡니다. 그래서 우리는 사랑에서 나온 베풂, 필요함을 충족시키는 작은 선사, 수천 명이 주는 사랑의 몸짓으로 살아갑니다. 그것들로 인해 우리는 우리를 향한 섭리를 계속해서 신뢰하게 됩니다.

우리는 정기적인 도움이나 그와 같은 종류의 대부나 수입, 자선은 받아들이지 않습니다. 나는 사람들이 우리에게 몇 주 또는 몇 달의 일정한 기간 동안 일정한 돈을 전달해야 한다는 의무감을 가지게 하고 싶지 않습니다. 정해진 안정적 소득은 우리가 프로그램을 만들고 계획을 세우는 것을 가능하게 할지 모르지만, 그런 좋은 상황들은 우리를 더 이상 하느님의 섭리의 자녀로 남아 있게 하지 않습니다.

― Allegri, p.137

해산된 국제 협력자회는 사랑을 이유로 정기적인 자선금을 받을 수 없다는 조건을 지켜 나가지 못했다. 왜냐하면 각 지회들은 그들의 자금과 도움이 필요한 것들을 처음에는 기부 행사를 통해 모아야 했기 때문이다.

마더 데레사가 위에서 이야기한 것과 같은 안정적 수입을 거부한 일은 이런 일에 관심을 가진 사람들에게는 정말 이상하게 들리기도 했다. 정기적인 수입을 바탕으로 자신들의 수도회를 조직하고, 목표하는 원조 사업을 발전시켜 나가고 있으며, 이러한 것을 계획에 맞춰 완수하고자 하는 의지를 가지고 일하면서도 정기적인 수입에는 반대하는 마더 데레사의 주장을 생각하면 그렇다는 것이다.

그런 일들 중에서 가장 뚜렷하게 자기 고집일 뿐이라고 여기게 만드는 것은 그녀가 이해하고 주장하는 '안전한 수입'과 '섭리'에 대한 부분이다. 사랑의 선교회는 사실 처음부터 정기적인 수입을 이용했기 때문이다. 니르말 흐리다이를 예로 들어 이야기하면, 이곳은 인도 정부로부터 매년 15만 루피를 지원받았고, 수녀들의 집이나 거처는 교구나 정부의 배려로 비용을 지불하지 않고 사용할 수 있었다.

이런 식의 지원이 없었다면 그들의 활동은 불가능했을 것이다. 가난한 자들 중 가장 가난한 자들을 돌보기 위한 시설들도 마찬가지였다. 또한 수녀들의 생활을 영위하려면 재정이 지속적으로 확보되어야 하고, 적어도 큰 문제가 발생하지 않게 재정 보조를 받아야 했다.

물론 한 분원에는 평균 네다섯 명의 수녀가 매우 검소하게 생활하고 있었고, 그들이 봉사를 위해 사용하는 사회 시설들은 그것들이 보호를 위한 시설이든 식사를 제공하는 시설이든 저렴한 비용으로 운영되었기 때문에 재정 문제가 그리 심각한 문제로 제기되지는 않았다. 그곳은 매우 간단하고 검소한 시설을 갖추고 있었고, 그렇게 검소한 생활과 운영은 수녀들의 과제이기도 했다.

그러나 이미 언급했듯이 마더 데레사는 처음부터 인도 정부와 좋은 관계를 맺고 있었고, 교황청과 국제적인 자선단체와도 우호적인 관계를 유지하고 있었다. 그중 인도에서 진행하는 이들의 사업과 그 외의 제3세계에도 상당히 많은 돈을 지원하는 독일의 구호 조직들만 예로 든다면, 독일의 프라이부르그에 있는 카리타스협회, 아헨과 뮌헨의 미시오, 미세레오르와 아드베니아트 등이 있다.

아헨에 있는 미시오는 1989년에서 2005년까지 총 182만 9,800유로를 사랑의 선교회에 전달했는데, 이는 사실 그녀가 받은 성금 중 가장 많은 것에 해당한다. 뉴욕에 있는 가톨릭의사선교청 CMMB은 1970년에서 1976년 사이에 인도에 700만 US달러 이상의 성금을 전달했고, 이에 대해 마더 데레사는 개인적으로 뉴욕을 방문한 기회에 감사의 뜻을 전달했다(그녀가 받은 성금과 수입 중 많은 개인과 사적인 단체들의 개별적 기부는 당연히 이들의 정기적인 수입에 속하지 않는다).

일종의 성인전적인 서술을 위해 준비된 한 일화는 마더 데레사가 언제 정기적인 재정 수입을 거부했는지에 대해 암시를 준다. 즉, 인도 정부는 만약 사랑의 선교회 측에서 정기적으로 행하는 정부의 통제를 수락하고 지출 내용을 장부로 정리해 보고할 경우 그녀가 돌보는 아이들에게 매달 35루피(매주 또는 매일이라고 이야기되기도 하는데, 그녀의 전기에서 이에 관한 사항이 일치하지는 않는다)를 지불할 준비가 이미 되어 있었는데, 마더 데레사가 이 제안을 거부했다는 것이다.

이 제안을 거부한 이유는 행정적인 일에 소요되는 비용이 너무 많고, 그것이 그리스도교적인 이웃 사랑과 크게 관련이 있지도 않으며, 더구나 그녀는 한 아이당 17루피 이상 지불하는 것을 생각해 보지 않았기 때문이었다.

이런 일화는 마더 데레사의 행동 지향적 실용주의를 두드러지게 보여 주고 있으며, 이런 경향은 다음과 같은 사실과 연결시켜 이해해 볼 수도 있다. 즉, 그녀는 자신의 사업에서 진행하는 행정적인 일들을 외부 인사들이 들여다보는 것이나 행정에 개입하는 것, 그리고 수도회의 회계 처리가 이루어져야 하는 조건이라면 정례적인 수입도 포기했다는 것이다.

마더 데레사의 친구이자 인도의 장관이었던 로이가 그녀에게 국가에서 운영하는 비종교적 성향의 '집 없는 사람들을 위한 집'에 대한 운영권을 넘겼을 때, 그녀는 운영권을 넘겨받으면서 자신이 운영하는 기관에 대해서는 회계 감사를 하지 않을 것을 전제 조건으로 달았다. 회계 처리 문제를 논의하면서 마더 데레사는 이를 전담할 수녀를 따로 둘 수 없다는 이유 등으로 장부 제출 등의 회계에 대한 개입을 거부했다. 그녀는 그 밖에도 수녀들의 수나 자원봉사 형식으로 무보수로 도움을 주는 인원의 수가 급격히 증가했다고 주장했다.

몇몇 신문에서는 마더 데레사가 아이티의 독재자이자 그녀에게 1981년 국가 최고상을 수여하고 거금을 기부한 장 클로드 두발리에와 좋은 관계를 유지한다는 사실을 종종 머리기사로 보도하곤 했다.

두발리에는 '그리스도교 학교 형제단'이라는 데서 교육을 받았기 때문에 교회에 대해 열린 자세를 보였다. 그러나 한편으로는 자신의 권력을 악명 높은 사병 조직인 '통통 마쿠트'로 유지하고 있었고, 이 조직을 통해 반대파들을 체포하기도 했다. 이런 이유로 그는 1986년에 프랑스로 망명을 떠나야만 했는데, 거기에서 1억 2천만 US달러에 해당하는 국가의 돈을 개인적으로 전용해 나중에 이혼한 부인이 주로 사용할 수 있게 하기도 했다.

그 외에 마더 데레사와 잘 아는 사람으로서 아주 예외적으로 그녀의 전기에만 언급되는 사람이 있는데, 그는 바로 찰스 키팅

주니어이다. 그는 미국의 억만장자 투기꾼으로서 마더 데레사에게 1억 2,500만 US달러를 기부했다. 그는 부동산 투기 및 대규모 투자 기업을 운영했는데, 그중 가치가 없는 부분은 동업자들이나 소규모 저축자에게 매각하곤 했다.

하지만 그의 이 거대한 콘체른은 공거래 때문에 파산하게 되었고, 파산에 따른 키팅의 손실은 처음에는 30억 US달러를 넘는 것으로 추정되었다. 키팅은 76세의 나이로 12년형을 선고받고 투옥되었다가 6년 후 풀려났다. 또한 그는 자신이 설립한 그리스도교적 결사체인 'Citizen for Decency the Law'를 이용해 대중매체를 검열하기도 했다.

그런데도 마더 데레사는 그를 열성적인 그리스도교인으로 평가했고, 포르노그래피에 맞서 싸움을 하는 인물로 보았다. 그리고 키팅에 대한 재판이 진행 중일 때 그를 변호하는 발언을 했으며, 그가 데레사에게 보낸 기부금을 이 일로 인해 실망한 소액 기부자들에게 돌려주라는 검찰의 제안을 거부했다.

마더 데레사의 수도회는 재정 상황을 공개하지 않는 것을 중요시했다. 기부금의 운영이 매우 불투명했던 국제 협력자회의 해산도 콜카타나 로마에 있는 기부금 관련 기구들만큼이나 이런 상황에 일조를 했다.

이러한 이유로 마더 데레사는 오늘날까지도 구호 단체들의 재정 상황을 의무적으로 공개하게 되어 있는 많은 국가들에서 비판을 받고 있다. 이는 인도나 독일의 경우도 마찬가지이다. 그러나 사랑의 선교회는 오늘날까지도 이런 비판을 전 세계에서 무시하고 있는데, 그 이유는 이러한 비판이 자신들에게는 해당되지 않는다고 여기기 때문이다.

뉴스 잡지인 독일의 〈슈테른〉지는 1998년 10월 10일에 "받는 것이 주는 것보다 더 복된 일이다"라는 제하에 이와 관련해 집중 조사한 결과를 공개했다. 조사 내용은 다음과 같다.

… 뉴델리에 있는 해당 재정 장관청이 마더 데레사의 단체들에 관한 자료를 알고 있는지 모르는지는 명확하지 않다. 〈슈테른〉이 이 문제에 대해 명백하게 해 줄 것을 요구하자 장관청은 정부가 이 문제를 '비밀 사항'으로 분류하고 있음을 확인해 주었다. 독일에는 이 수도회 소속의 분원이 6개 있는데, 이곳도 재정 상태는 엄격하게 비밀에 부쳐져 있다.

"우리가 얼마나 많은 돈을 가지고 있는지에 관한 것은 어느 누구와도 관계 있는 문제가 아니다."

… 1981년까지 마리아 팅겔호프는 직장일을 마친 후 명예직으로 독일에 있는 이 수도회를 위해 회계일을 했다. 그녀는 자신의 기억으로는 300만 달러가 이 일 년에 모였다고 했다. …

추정컨대 기부금이 가장 많은 분원은 뉴욕 브롱크스에 있는 '성령'이라는 이름의 분원이었다. 수잔 실즈는 그곳에서 수도회 일을 보았는데, "우리는 하루 중 많은 시간을 기부금을 낸 사람들에게 보내는 감사의 글을 쓰거나 그들이 보낸 수표를 정리하는 데 보냈다."고 했다. 매일 밤 25명의 수녀들이 몇 시간씩 기부금 영수증을 써야만 했다.
… 버진 수녀는 "일 년에 약 5,000만 US달러가 대체로 비非가톨릭 국가인 미국 뉴욕의 계좌로 흘러 들어왔다."고 회상한다.

사랑의 선교회에 대한 보도에서 비록 〈슈테른〉지가 "전 세계의 온정이 이 수도회의 계좌에 적어도 1억 US달러를 채운다."고 추정했음에도 불구하고 일 년 동안 이 수도회가 기부금으로 받아들이는 액수가 얼마인지는 정확히 알 수 없다.

수도회 측은 더구나 그들이 접수한 기부금 중 어느 정도를 지출하는지에 대해서도 알려 주지 않는다. 아무도 전체 자산 규모를 알 수 없다고 해도 이 수도회가 세계에서 가장 부유한 재단이라는 것은 분명하다.

예외적으로 영국의 경우만 이에 관한 정보를 알 수 있는 숫자가 몇 개 공개되어 있다. 이에 따르면 이 수도회는 1991년에 대략 530만 마르크를 기부금으로 받았고, 그중 기부의 목적에 맞게 소비한 것은 7% 정도이다. 즉, 36만 마르크만이 목적에 맞게 지출되었다. 그 분원들은 남은 기부금을 수도회 모원이나 로마의 중앙 조직에 이전했다.

따라서 이런 점을 고려한다면 수도회가 가난한 사람들을 위해 기부금을 사용하는 것이 아니라 알 수 없는 이유로 바티칸의 비밀 계좌에 입금시킨다는 소문이 있는 것도 이상할 게 없다. 그런 종류의 추정에 대해서는 지금까지 어떤 반론도 제기되지 않았다. 이것이 수도회의 재정 상황이나 마더 데레사의 높은 명성에 해를 끼칠 수 있다는 데는 의심의 여지가 없다.

사회봉사의 미로

기부금이 온전히 용도에 맞게 다 쓰이지 않고 남겨진다는 문제는 또한 마더 데레사의 수도회가 가난한 자들 중 가장 가난한 자들을 위해서 행하는 봉사 행위의 가치나 범주에 대한 문제와 연결된다. 이런 문제점에 대해서도 수도회 고위층의 시각과 바깥에서 협력하거나 관찰하는 사람들의 시각은 제각기 다르다.

우선 확인할 수 있는 것들은 마더 데레사가 언론이나 그녀의 전기에서는 "세계적으로 확산되어 있는 그들의 비조직적인 조직들"의 숫자에 대한 정보를 세세하게 제공했다는 점이다. 비록 그것이 사랑의 선교회 수녀들의 행적뿐만 아니라 수도회의 크기와 폭에 관한 것이기는 하지만 말이다. 그런데 이 숫자들은 부분적으로 모순될 뿐 아니라 의혹으로까지 연결되기도 한다.

그러나 모든 경우에서 정확한 숫자를 거론한다거나 잘못된 숫자를 교정하는 것은 쉽지도 않고 심지어 불가능하다. 그렇기 때문에 수도회에서 행한 일의 성과나 그들의 활동 결과를 수치로 재는 것은 거의 불가능하다.

이를테면 마더 데레사의 전기작가 알레그리Allegri는 1992년에 사랑의 선교회 소속 수녀의 수를 열거하면서 445개의 분원에 3,500명이 있다고 제시했다. 독일의 〈쥐트도이치 차이퉁〉은 1997년 3월 17일에 120개의 나라에 568개의 분원이 설립되어 있다고 썼지만, 그 바로 3일 전에는 400개의 분원에 4,000명의 수녀들이 있다고 적은 바 있다.

1997년에 〈Geschi.de〉에서는 대략 115개 나라에 550개의 분원, 5,000명의 자매가 있다고 기록하였다. 또 전기작가 중 한 사람인 펠트만Feldmann은 1997년에 107개의 나라에 4,600명이 있었던 것으로 적으면서 덧붙이기를, "이 숫자는 대부분 새로 책을 낼 때마다 증가하고 있다."고 했다.

1999년 3월 2일자 〈쥐트도이치 차이퉁〉의 자료에 따르면 123

개의 나라에 4,000명이 있었고, 2002년 9월 15일자 뮌헨의 〈교회신문〉은 130개 나라 680개의 분원에 4,500명이 분산되어 있다고 썼다.

이와 동시에 수도회 측은 니르말라 수녀가 총장직에 오른 이후에만 85개의 분원이 세워졌다는 정보를 제공했다. 그 시기에 수도회의 인터넷 사이트가 당시에 존재하는 분원을 모두 언급한 것은 아니기 때문에 그녀가 이미 존재하지 않는 것들도 포함해서 언급했을 가능성도 배제할 수 없다.

이 시기의 언론 보도들을 통해서 알 수 있는 것은 이 수도회는 113개 나라에 710개의 분원이 있었고, 이곳에는 모두 약 4,500명이 분산되어 활동하고 있었다는 점이다. 이러한 숫자의 비교가 어떤 사실적 폭발력을 지니는 것은 아니지만, 이를 통해 마더 데레사의 수도회가 다른 수도회의 경우와는 달리 얼마나 파악하기 어려운 대상인가 하는 점을 알 수 있다. 또한 상당히 많은 기부금을 받는 이 단체가 비록 기부금에 대해 커다란 책임감을 가지고 있기는 하지만 이와 함께 엄수해야 할 의무도 있다는 것이 비판자들의 목소리이다.

특히 사회사업의 규모나 질을 객관적으로 평가하기 어렵다는 것이 문제이다. 왜냐하면 소속 수도자들의 진술은 방문자와 비판자들의 판단과는 명백히 상반되는 측면을 지니기 때문이다.

수도회는 스스로를 선교 기관으로 인식하지 전문적으로 일하는 사회단체로 이해하지 않는다. 따라서 그들은 소속 수녀들이 자신들이 담당할 의료 과업을 수행하기에 적절한 교육을 받지 않았다고 비난하는 사람들을 반격한다. 오늘날 니르말라 수녀는 누군가가 사회사업을 하는 사람이 되기를 원한다면 이들 수도자들에게서는 아무것도 잃을 것이 없다고 말한다.

그럼에도 불구하고 마더 데레사는 그들의 업적을 밖으로 드러내는 데 의미를 두고 있었고, 그래서 이에 대해 너무 자세하게 진술함으로써 비판자들의 눈에 그 진술 내용이 그럴듯하지 않은 것으로 파악될 정도였다.

1984년, 수도회는 그들 스스로의 언급에 따르자면 400만의 결핵 환자들을 단지 이동 결핵 진료소만을 이용해 치료했다. 거기에 추가로 구호 센터를 통해서 매주 10만 6,271명에게 건조 식량을, 5만 1,580명에게 익힌 음식을 제공했다고 했다.

또한 니르말 흐리다이에 1만 3,246명을 받아들였으며, 이곳이 아니었으면 틀림없이 죽고 말았을 8,627명이 치료를 받고 나갔다고 했다. 그리고 10개의 시슈 바반에 6,000명의 아이들이 수용되었다고 했다.

1990년, 그 성과는 더욱 눈부시게 나타났고, 통계는 다음과 같이 더 자세해졌다.

102개의 슬럼가 학교에서 15만 2,769명의 학생들을 대상으로 하여, 그중 7,710명의 여아들에게 187회의 바느질 수업을, 155명의 청소년에게 12개의 영어 코스를, 722명의 아이들을 위한 15개의 마을 유치원을, 884명의 아이들을 위한 20개의 학교 속성 과정을 만들었다. 그들은 428개 병원에 있는 환자들을 방문해 돌보았으며, 1만 7,728명에 이르는 사회적 약자의 가족을 돌보았고, 67명의 죄수와 1만 5,345명에 이르는 수감자들을 돌보았다.

또 5,000명 이상의 학생들을 위하여 44개의 다양한 여름 캠프를 실시했다. 107개의 고아원에서 5,974명의 아이들을, 30개의 종일 탁아소에서 2,474명의 아이들을 돌보았다. 집도 없이 홀로 아이를 기르는 엄마들을 위해 61개의 집을 마련했고, 잠잘 곳이 없는 3,678명의 남자들에게 모두 20개의 잠자는 공간을 제공함과 아울러 이곳에 582명의 여성들을 위한 침대도 제공했다.

그들은 16만 8,585주 분량의 식량으로 먹을 것을 제공했고, 5만 2,712번의 식사 준비를 위해 시간을 보냈으며, 긴급하게 치료해야 하는 응급 환자를 다룬 경우도 4만 4,791번이었다. 629개의 이동병원에서 384만 6,711명의 환자를 치료해 줬고, 85개 센터에서 2만 5,718명의 아이들에게 부족한 영양분을 제공했으며, 57개의 폐결핵 센터에서 2만 8,720명의 환자를 돌보았다. 그들은 119개의 폐병동에 1만 8,802명의 환자를 수용했으며, 폐결핵 환자들의 재활을 위해 15개의 기관이 운영되었다. 1만 7,123명의 사람들이 거쳐간 150개에 이르는 니르말 흐리다이가 있었고, 정신적인 질병을 위한 병원, 알코올·마약중독자들을 위한 4개의 집이 있었다. 1986/87년에는 미국에 에이즈 환자들을 위한 2개의 집이 세워졌다.

— Konermann, p. 109

  이 엄청난 작업들을 400개의 분원에 흩어져 있는 3,068명의 수녀와 454명의 수련수녀, 그리고 140명의 지원자들이 수행했으며, 이런 일들은 90개 이상의 나라에서 분산적으로 이루어졌다.(Spink, p. 273) 그리고 당연히 여기에는 보수 없이 명예직으로 일한, 명명하기 어려운 숫자들도 포함되어 있다.
  이 숫자들에서 인상적인 것은 수녀들이 대부분 소규모로 무리를 지어 생활하고 있다는 점이다. 또한 결코 모든 분원에서 (게다가 서구의 경우에는 더욱) 병자를 치료하거나 아이들을 보호하는 일을 했던 것은 아니며, 수도회 차원에서 교육을 통해 무욕의 상태에서 생활하도록 훈련을 시킴으로써 부엌에 훌륭한 미각을 충족시키기 위한 기구를 갖추는 것도 금지되어 있었다.

2006년 초까지 이곳에서 일하는 수녀들의 숫자는 약 1/3이 증가했다고 한다. 그들의 설명에 따르면, 그들은 세계적인 규모로 따질 경우 50만 가족을 위해 요리를 하고 9만 명의 환자를 돌본다. 여기에서 제시한 숫자 역시 좀 믿기가 어려운데, 특히 1984년에 그들이 제공한 자료와 비교해 볼 때 그렇다.

마더 데레사는 1990년대에 스스로 말하기를 콜카타 시에 있는 사랑의 선교회 수녀들은 9,000명을 위해 요리하고 있다고 했다. 같은 시기에 현지 조사자인 콜카타의 차터지가 준 정보에 따르면, 매일 최대 500명의 환자를 위해 요리를 했는데, 이 숫자에는 그녀들뿐만 아니라 선교회 소속 수사들도 포함되었다. 예를 들면 뮌헨에서는 매일 약 30명분의 점심을 준비하였다.

숫자와 관련해서 수도회가 지니는 독특한 예 중의 하나로 모티즈힐에 있는 그 유명한 '근대적 슬럼 학교'를 들 수 있다. 1986년에 있었던 마더 데레사의 언급에 따르자면, 이곳에는 5,000명의 학생들이 다녔다. 그러나 차터지는 이와 달리 이곳에 다닌 학생의 수를 100명보다는 약간 적은 수로 언급했다.

이런 상황에서 마더 데레사의 전기적인 가치와 그녀의 수도회가 이룬 업적을 묘사하는 일이 얼마나 어려운 일인지 알 수 있다. 수도회가 행한 사회봉사의 질이 오늘날까지 비판받는 이유는 이러한 사업을 행하는 데 틀림없이 작용했을 종교적 동기가 충분한 동의를 받을 수 없기 때문이다. 이 수도회는 마더 데레사가 살아 있던 시기에 의사나 의료 전문가들이 개선할 필요가 있다고 제안한 사안들을 무시했다. 그로 인해 이와 관련된 후속 조사를 진행할 필요가 있다고 여기는 사람들도 여전히 존재하는 것으로 보인다.

수녀들이 병자를 돌보거나 아이들을 보살피는 일에 배정되었던 점을 생각한다면, 그들이 받은 교육의 수준은 전체적으로 이 일을 수행할 수 있을 만큼 좋지는 않았다. 여기에 덧붙여서, 그녀들이 한곳에 고정적으로 배치되지 않고 많은 지역에서 번갈아 가며 일하도록 배정되었다는 점을 고려할 때 이들의 언어적인 이해 부족도 문제로 들 수 있다.

마더 데레사는 수녀들에게 중요한 요소는 가난한 자들 중 가장 가난한 자를 십자가에 못 박힌 예수를 대신하는 존재로 여기고 돌보고자 하는 사랑이라고 생각했으며, 이에 필요한 전문가적 교육 과정을 거치는 것은 중요하게 여기지 않았다. 그녀들에게 중요한 것은 자신들의 죄를 씻기 위한 작업에 동력을 제공하는 '예수를 위한 영혼'을 획득하는 것이었다.

마더 데레사가 대외적으로 보여 주는 시설은 주로 니르말 히르다이라고 하는 임종자의 집이며, 이곳에는 오늘날까지 7만 8,000명의 환자가 이송되었다고 한다. 이곳의 상황만큼은 자주 묘사되는 편이고, 이것은 다양한 정보 간의 의견 차이가 적은 사업이다. 이곳의 상황에 대한 다음의 언급은 일반적으로 많이 알려져 있다.

즉, 마더 데레사가 외부에서 기부한 전문 의료 기구들의 도입을 거부했고 진통제나 마취 수단들을 그녀의 시설들에서 모두 금지했다는 것, 그리고 약품은 정확한 측량 없이 사용되었으며, 기본적인 위생 규정들을 유의해서 지키지 않았다는 것이다. 또한 수녀들이 주삿바늘을 소독하지 않은 채 그것이 망가질 때까지 반복해서 사용했다는 것이다.

또한 마더 데레사의 눈에 사치스럽게 보여지면 양탄자 바닥은 갈기갈기 찢겨졌고 가구는 부숴졌다. 또 병원으로 쓸 수 있게 양도받은 건물에 휠체어가 지나갈 수 있게 공사를 하는 것도 거부되었다.

이외에도 의아하게 여겨질 만한 일이 관찰된 경우나 이에 관한 경험들은 많다. 이런 점들에 대해 마더 데레사는 다음과 같이 조심스럽게 설명하곤 했다. 즉, 고통 가운데 있는 사람들에게 더 나은 조건을 제공하게 되면 일반적인 구호 기관의 성격을 띠게 될 수도 있으며, 그렇게 되면 그것은 더 이상 가난한 자들 중 가장 가난한 자들을 위한 것이 될 수 없다는 것이다.

이와 비슷한 언급들은 오로지 마더 데레사가 지니고 있던 고통 숭배에 대한 엄격한 사고들을 들여다봄으로써 납득할 수 있다.

만약 너희가 물건을 더 얻으려 한다면, 너무 좋은 것 말고 약간은 질이 덜 좋은 것을 선택하라. 우리는 우리의 빈곤에 대해 자부심을 가져야 한다. 이 점을 명심하라. … 우리가 목욕에 필요한 물을 어떤 특정한 층까지 가져가야만 하고, 그곳에는 이미 한가득 차 있는 세 동이의 물이 있을 수 있다. 그러면 우리는 그 물을 다 소모하려고 시도해 왔다. 만약 너희가 통풍이 잘 안 되는 공간에서 잠을 자야 한다면 숨을 쉬기 위해 노력하거나 한숨을 쉼으로써 너희가 평안한 상태에 있지 못하다는 것을 표현하지 말라. 그것이 빈곤이다.
빈곤은 우리를 자유롭게 한다. 그로 인해서 우리는 즐거워하고 웃고 기쁜 마음을 유지할 수 있다. … 빈곤의 협소한 길에 머물라. 거기서 너희는 너희의 신발을 직접 수선하고, 물건을 구입하는 많은 경우에 이런 정신으로 행하라. 한마디로 마치 어머니를 사랑하듯 빈곤을 사랑하라. 우리의 공동체는 이런 빈곤을 유지함으로써 존립될 것이다.
… 이런 아름다운 빈곤 속에서 살아갈 기회를 가진 것을 기쁘게 생각해야만 한다. 그분은 정말 자주 빈곤을 경험하셨다. 빵과 고기로 기적을 행하셨던 그때나 밀밭에서 알갱이를 발라

서 먹었던 그런 것들에서 보듯이. … 그분은 십자가 위에서 더 이상 아무것도 가지신 것이 없었다. 그 십자가는 빌라도에게서 받은 것이었다. 그 못과 가시관은 병사에게서 받았다.
그분은 벌거벗으셨으며 그분이 돌아가셨을 때 사람들은 그분에게서 십자가와 못, 가시관을 벗겨 냈다. 그분은 천조각에 싸였는데, 이는 어느 선한 사람이 기부한 것이었다. 그분은 무덤에 모셔졌지만, 그것이 그분 소유는 아니었다.
… 그럼에도 불구하고 그분은 마치 한 왕처럼 죽음을 맞으실 수 있었다. … 그분은 자신이 하느님을 그 안에 가지고 자신의 사랑을 세상에 전하기 위한 유일한 방법이 그것이라는 것을 알았기에 빈곤을 택하셨다.

— 『영적인 텍스트』, p.92

이러한 언급들은 마더 데레사가 자신에게 전달된 기부금을 자신의 목적에 맞게 사용하는 데 왜 어려움을 겪었는가를 간접적으로 설명해 준다. 빈곤과 고통이 없는 곳에서는 하느님을 만날 수 없으며, 속죄 역시 이루어지지 않는다는 것이다.

마더 데레사의 인식이 자리하고 있던 위치는 자력 갱생을 하려는 자를 돕는 것이나 사회적인 구조 변화 및 가치 변동 등과 같은 근대적인 발전의 전략과 결합시킬 수 있는 것이 아니었다.

왜냐하면 그녀는 종교적인 이유에서 개인적인 고통을 점차 감소시키는 것을 우선으로 삼았기 때문이다.

 마더 데레사의 활동에 대한 종교적 관점과 세속적 관점 사이의 간극이 가져오는 긴장은 웃음을 자아내게 하기도 하지만, 사실은 매우 의미심장한 다음의 예를 통해서 잘 드러난다. 그 일화란 데레사가 심각하게 앓고 있던 힌두 여성과(많은 성인전에는 남자로 표현되어 있다) 나눈 다음의 이야기다.

 데레사는 그 여성이 겪고 있는 통증은 그녀의 고통에 입맞춤을 한 예수의 사랑의 증표일 것이라고 말했다. 이에 대해 그 여성은 이렇게 대답했다.

 "수녀님, 그러면 예수에게 부탁해 주세요. 나에게 입맞춤하는 것을 그만두라고!"

Chapter 07

시복으로 가는 길

여행과 명예 표창들

노벨 평화상을 수상하기 이전에도 마더 데레사는 이미 눈에 띌 만큼 여행을 많이 해야 했다. 그리고 전 세계의 대중들에게 수십 년간 자신을 드러내게 만든 계기가 있었던 이후로 그녀의 삶은 거의 여행과 대중들 앞에 드러나는 것으로 점철되었다.

그녀는 사랑의 선교회의 모든 분원을 적어도 2년에 한 번씩은 방문하고 자신의 수도회에 소속된 모든 수녀들이 종신서원을 할 때 매번 참석하고자 했다. 1997년에 이르러 사랑의 선교회는 대략 400개에서 500개의 시설로 늘어나 세계적인 규모를 이루었으므로, 이것은 나이 많은 여성에게는 엄청난 여행을 의미했다.

　게다가 셀 수 없이 많이 진행되는 행사에 참여하거나 상을 수상하기 위한 세계 여행, 그리고 교황 요한 바오로 2세를 대신해 진행하는 외교적인 여행도 있었으며, 이외에도 로마와 콜카타 간의 여행 등이 마더 데레사의 여행 목록에 다시 추가되었다. 그녀가 가는 모든 곳에서는 공식적으로 모든 국가의 고위 관료와 정치가들 앞에 출현해야 했고, 뉴스를 다루는 미디어도 그녀를 따라다녔다. 그리고 그녀가 일생 동안 자신의 관심 주제를 바꾸지 않았음에도 불구하고 항상 연설을 준비해야 했다.

　고통받는 예수를 위해 봉사하던 그녀의 역할은 이제 세계를 여행하면서 행하는 그의 전령사로 바뀌어 있었다. 그렇기 때문에 그녀는 이와 관련해 주어지는 명예로운 수상이나 상들을 어디에서, 누구에게, 그리고 왜 받는지에 관계없이 거부하지 않았다. 마더 데레사는 그녀의 선교 활동 또는 가톨릭 교회를 대변하는 사람으로서 이곳저곳을 다녔고, 이것은 하느님이 그녀에게 위탁한 명령이라고 생각했다.

　1980년 3월, 마더 데레사는 인도 대통령 산지바 레디로부터 바라트 라트나(인도의 보석이라는 뜻) 상을 받았고, 이와 함께 인도 최고의 명예도 얻었다. 이에 따라 그녀는 인도 최초의 부통령이자 후에 대통령이 된 라다크리슈난, 인도의 초대 총리 자와할랄 네루, 그녀의 친구 B. C. 로이, 인도 총리 인디라 간디와 같은 위치에 서게 되었다.

마더 데레사는 콜카타에서 찰스 왕자의 방문을 받았고, 출산을 조절하는 문제와 낙태 문제에 대한 자신의 의견을 로마에서 열린 세계 주교 시노드[16)]에서 발표하고자 했던 교황 요한 바오로 2세의 초청을 받기도 했다.

1981년에는 사크로 쿠오레(성스러운 심장이라는 뜻) 가톨릭대학교에서 명예 의학박사 학위를 받았고, 동독 지역에 하나의 분원을 세우도록 허가를 받았다. 그리고 브라질에서 열린 72회 로터리클럽 국제회의에서 1만 2,000명의 회원들 앞에서 행한 연설을 통해 자신이 하는 일에 동조하고 거기에 헌신하도록 자극을 줄 기회를 가졌다.

1981년에는 또 백악관의 초청을 받아 레이건 대통령과 낸시 여사가 이 문제에 관심을 가지게 하여, 레이건 대통령이 자신에게 가해진 암살 시도 이후 예수와 가난한 자들에게 가까이 다가설 수 있도록 했다. 마더 데레사는 다음 달에는 북아일랜드로 가 평화를 주제로 연설을 하고, 그 직후 런던으로 날아가 국제적인 평화의 기도를 시작했다.

이렇게 바쁜 일정 때문에 마더 데레사는 친오빠의 장례식에도 참석할 수 없었다. 그녀는 1881년에 26개의 분원을 새로 열었는

---

16) 가톨릭교회에서 교회 안에 중요한 문제가 있을 때 이를 해결하기 위해 개최하는 자문기구의 성격을 띤 회의 - 역주

데, 그중 19개 분원이 인도 외의 지역에 세워졌다.

마더 데레사는 이외에도 교황의 부탁을 받고 그를 대신해 업무를 수행하기 위해서 오스트레일리아로 날아갔다. 그녀가 수도회의 자리를 비울 때는 수석 비서인 프레드릭 수녀가 그녀의 일을 담당했다.

다음 해에 마더 데레사는 다른 사람들과 함께 나가사키에서 열리는 기도 모임에 참석해 달라는 요청을 받았고, 전쟁 희생자들과의 연대감을 표현하기 위해 요한 바오로 2세를 대신해 베이루트에도 갔다. 또한 낙태 반대 운동을 전개하기 위해 멕시코, 로마, 세인트루이스, 글래스고, 런던, 더블린으로 날아갔다. 그러는 사이 사이에도 늘 인도와 세계적으로 분산되어 있는 분원들을 오가며 방문했다.

1983년에는 오스트레일리아에 갔는데, 이는 오스트레일리아 정부가 그녀에게 훈장을 수여했기 때문이다. 그리고 엘리자베스 2세 여왕으로부터 공로훈장을 받기 위해 런던도 방문했다. 6월에 로마에 있을 때 침대에서 떨어진 이후 심장이 약하다는 진단을 받고 한 달 동안 여행이 금지되기도 했지만, 병원에서 어느 정도 건강을 추스른 뒤 그녀는 다시 여행의 과제를 계속했다.

거의 40년 이상 진행된 이러한 일들을 모두 재구성하는 것은 거의 불가능하며, 또한 그녀의 내면적인 경험 세계를 들여다보지 않고 단지 여행 경로만을 재구성한다면 그녀의 인생 경로만 기록하는 일이 될 것이다. 그럼에도 불구하고 여행은 당연히 마더 데레사 전기의 구성 요소이다. 왜냐하면 이것은 적어도 언론에 그녀를 가장 잘 드러낸 일이라고 말할 수 있기 때문이다.

1986년, 마더 데레사는 일상적인 일정과 병행해 수단을 방문했는데, 방문 이유는 수단 사람들이 맞닥뜨린 기아 상황 때문이었다. 이 여행 중에 그녀는 내전 희생자들을 위해 카르툼을 방문했으며, 그 외에도 탄자니아의 다르게살람과 도도마, 케냐가 방문 일정에 포함되어 있었다.

이미 언급한 대로 마더 데레사의 인생에서 최고의 선물은 요한 바오로 2세가 인도 여행 중 그곳의 환자들이 그리스도교인이 아니었음에도 불구하고 콜카타에 있는 니르말 흐리다이에 45분가량 머무른 일이었다.

일 년 후 그녀는 샌프란시스코와 뉴욕, 오스트리아, 폴란드, 아프리카, 소련을 방문했는데, 소련의 경우는 소련 평화위원회의 메달을 받기 위해서였다. 그 외에도 마더 데레사는 야세르 아라파트 PLO 의장을 방문했는데, 그는 그녀에게 5만 US달러를 기부해 베들레헴과 예루살렘에 분원을 세울 수 있도록 했다. 그해 봄에 예정되었던 도쿄 여행은 갑작스럽게 심장 이상이 발견되어 취소되었다.

1989년 9월, 마더 데레사는 탈진으로 쓰러져서 콜카타에 있는 우드랜드 병원에 이송되었고, 이곳에서 심장박동 이상으로 한 달간 치료를 받아야 했다. 11월 말에 그녀는 심장박동기를 부착했다. 그녀가 쓰러진 이해에는 6월까지 부다페스트·페루·스위스 방문과 알바니아 대통령의 초대, 알바니아에 있는 어머니의 무덤 방문 등이 예정되어 있었다.

마더 데레사는 뉴욕에서는 안과 수술을 받았으며, 회복 중에도 8월 말에는 인도와 네팔 경계 지역에서 발생한 지진 피해자들에게로 날아갔다.

이외에도 다이애나 왕세자비가 수여하는 '세계 여성상'을 받았는데, 이는 영국의 국제여성구호단체가 주는 상이었다. 세계여성상은 개발을 위한 지원, 환경보호, 인권의 보호 그리고 사회적·정치적·직업적인 면에서 여성의 평등한 삶을 위해 노력한 여성에게 주는 상이다.

마더 데레사는 11월에는 남아프리카를 방문했다. 그리고 12월 15일에는 모스크바, 그다음에는 아르메니아에 머무르면서 5만 명의 지진 희생자들에게 모습을 드러냈다. 이것은 아르메니아에 몇몇 수녀들과 사제들이 들어갈 수 있도록 최고장관과 외무부 장관 및 공산당 당수에게 허가를 얻으려는 목적을 지닌 여행이기도 했다.

1990년, 마더 데레사는 자신의 직책을 총장으로 정하고 이를 위해 수도회의 주요 인사들을 소집했다. 그러나 여기서는 그녀의 후임이 선발되지 못한 채 80세가 다 된 마더 데레사가 다시 투표로 선출되었다. 그녀는 거기서 하느님의 뜻을 읽었다. 사실 이미 1985년에도 수도회의 주요 인사들 앞에서 자신의 직책을 내놓으려 했지만 이처럼 만장일치로 재선출된 바 있었다.

수도회 측에서 염려한 것은, 그들을 이끄는 기수인 마더 데레사가 없어지면 수도회와 관계없는 외부 인사들이 통상적으로 일 년에 3천만~4천만 US달러에 이를 것으로 추정하는 그 당시의 기부금이 줄어들 것이라는 점이었다. 마더 데레사가 후임자를 준비시켜 놓지 못했기 때문에 그녀의 자리에 임명되어 들어온 수녀는 대중적인 명성이 부족하고, 그 때문에 수도회 측에 재정적으로 나쁜 결과를 초래할 수도 있었던 것이다. 마더 데레사의 재선출은 그런 상황이 올 경우에 대비한 계산에 따른 결과였다.

마더 데레사는 계속 여행을 했고 부러움을 살 만한 대우들을 지속적으로 받았다. 그러나 그녀는 그 중간중간에도 다시 심각할 만큼 아팠고, 이미 이야기한 대로 움직이기도 어려운 상황이 되었다. 그 후 심장이 더욱 약해져서 그녀는 다시 캘리포니아의 샌디에이고에 있는 스크립스 클리닉의 병상에 누워 있어야 했다. 그리고 폐에 생긴 염증 때문에 일시적으로 심장이 멎는 지경에까지 이르렀다.

총장 재선출 이후 마더 데레사는 옛 동구권 지역에 분원을 만들기 위해 애썼다. 다른 사람들과 협력해서 옛 소련 지역에 모두 9개의 분원을 열었고, 부다페스트에는 점심을 제공하는 무료 급식소를, 부쿠레슈티에는 가난하고 병든 고아들을 위한 집을 지었다. 그리고 옛 체코슬로바키아에는 두 곳의 분원, 루마니아에는 한 곳의 분원을 세울 수 있었다.

1991년에는 알바니아에도 3개의 작은 분원이 생겨서 수녀들은 이곳에서 교리교육도 할 수 있게 되었다. 마더 데레사의 고향 교회도 다시 문을 열었고, 더 많은 수의 국유화된 교회가 운영되었다.

1991년 7월에 바티칸은 그들을 대표하는 상주 교황 대사를 알바니아의 티라나에 파견했다. 이는 알바니아에 다수당 정부가 들어서고 처음으로 비공산주의자들이 정치에 참여할 수 있게 된 뒤였다.

피델 카스트로는 마더 데레사가 쿠바에 7개의 분원을 세울 수 있게 허가해 주었으며, 캄보디아에서도 그녀의 선교사들을 받아들였다. 다만 중국만 유일하게 선교사들의 입국을 허용하지 않았다.

1992년 2월, 그녀는 다시 병원에 들어갔는데 이번에는 로마에 있는 병원이었다. 이 시기에 영국의 다이애나 왕세자비가 마더 데레사를 공식적으로 방문하기 위해 콜카타로 왔는데, 데레사가 그곳에 없었기 때문에 곧장 로마로 가 데레사를 만났다.

마더 데레사는 이에 대한 감사의 뜻으로 9월에 런던을 방문했다. 그녀는 사랑의 선교회 수녀들과 대화하는 사적인 자리에도 다이애나 왕세자비를 들이곤 했다.

마더 데레사와 다이애나 왕세자비의 밀접한 만남은 언론에서 특히 흥미롭게 다루었다. 왜냐하면 마더 데레사는 일생 동안 이혼에 대해 매우 강력하게 반대 의사를 보였기 때문이다. 하지만 그녀는 다이애나에 대해서만은 유독 관대함을 보였다. 이는 마더 데레사가 보기에 다이애나가 심하게 굴곡진 인생의 경로를 겪어 왔기 때문이며, 특별히 자유로운 성향을 보였기 때문이다. 둘의 만남은 자애로운 마음의 여왕과 콜카타 천사의 만남으로 다루어졌다.

1992년도 역시 승리의 한 해였다. 즉, 알바니아 대통령 라미즈 알리아가 마더 데레사에게 알바니아 국가 명예시민권을 주었고, 인권을 위해 활동하는 사람들을 위한 '마더 데레사 상'도 제정했다. 그녀는 또한 '영국 왕립 의과대학'의 명예회원으로 선정되었는데, 이것은 외과의사들 사이에서는 매우 영예로운 일에 해당했다. 또한 유네스코 총재에게서 '유엔 문화대사의 평화교육상'을 수여받았는데, 상금은 5만 US달러였다.

뉴욕에서는 마더 데레사와 마찬가지로 교황의 견해와 가까운 관점을 유지해서 미디어로부터 자주 비판의 대상이 되곤 했던 존 오코너 추기경에게서 '성 골룸바노 기사단의 기쁨과 희망상'을 받았는데, 5만 2천 US달러의 부상도 주어졌다. 성 골룸바노 기사단은 가톨릭 교회에서 운영하는 최대의 평신도 단체로, 여기에 소속된 구성원의 숫자는 170만 명에 이르렀다. 이들은 회헌에 밝힌 대로 교황에 대해 강한 신뢰를 보이는, '가장 강력한 교회의 오른팔'로 표현되기도 하는 단체였다.

성 골룸바노 기사단은 미국, 캐나다, 멕시코, 필리핀, 푸에르토리코, 쿠바, 도미니카공화국, 파나마, 과테말라, 괌, 사이판 등에 1만 2천 개 이상의 지회가 있었고 재정 능력도 상당했다. 그래서 이 기사단은 그들의 자료에 따르면 지난 10년 내에 10억 US달러 이상의 기부금을 사랑의 선교회에 기부했으며, 그 외에 이 단체 소속 회원들을 위해 진정으로 가치 있는 보험프로그램을 운영했다. '기쁨과 희망상'은 제2차 바티칸공의회에서 발표한 같은 이름의 「현대 세계의 교회에 관한 사목 헌장」과 관계가 있다.

1992년, 마더 데레사는 사담 후세인에게 초대를 받아 이라크를 방문했고, 후세인은 몇몇 장관들 및 주교들과 함께 마더 데레사를 환영했다. 그리고 예전에 도미니크 수도회가 있던 땅에 마더 데레사의 활동을 위한 건물을 세울 수 있도록 허락했다. 심지어 그는 데레사에게 차를 주어 이동 클리닉으로 사용할 수 있게 했다. 후세인의 이런 행위는 남의 이목을 끌기 위한 정치적인 몸짓이었다. 왜냐하면 마더 데레사는 사실 걸프전이 발생하기 전에 후세인에게 평화를 호소했으나 그가 받아들이지 않았기 때문이다. 또한 바그다드에 억류된 영국인의 석방을 위해 그에게 중개인까지 보냈으나 이것 역시 아무 소용이 없었다.

이와 관련해서 마더 데레사는 이렇게 이야기했다.

> 우리가 있음으로 인해 수천 명의 사람들에게 그렇게 많은 기쁨을 가져다주게 되리라고는 우리는 전혀 생각해 보지 못했다. 너무나 많은 고통들이 사방에 여기저기 널려 있었다. (이를 위해 일하는) 우리에게는 아라비아어를 할 수 있는 몇 명의 자매들이 있었다. 그렇기 때문에 (그 고통을 덜어 주기 위해서 활동하는 것은) 그렇게 어려운 일이 아닐 것이다.
>
> — Spink, p. 285

그다음 해에 마더 데레사는 더블린에서 '프로라이프 Pro-Life' 운동을 진행하는 한 반反낙태 운동가에 의해 '더블린 시의 자유'라는 명예 표창을 받았다. 이외에도 교황이 수여한 훈장인 '교회와 교황을 위한 십자가(Pro Ecclesia et Pontifice Cross : 교회와 교회를 통해 사회봉사 업적을 쌓은 사람에게 수여하는 훈장)'도 받았다. 또한 안트베르펜, 에든버러, 옥스퍼드를 방문했고 다이애나 왕세자비를 방문하기 위해 런던에 머물렀다.

  8월에 마더 데레사는 또 하나의 상을 수여받기 전에 다시 발병했는데, 이 상은 그녀가 델리의 인도 정부로부터 '평화를 진작시키고 공동체적인 균형을 이룬' 공로로 수상하는 것이었다. 그녀는 이 병으로 인해 다시 한 번 심장 수술을 받고 콜카타로 이송되었으며, 9월 17일에 그곳에서 심장에 관을 삽입하게 되었다.

  하지만 10월 말에는 다시 여행을 할 수 있었다. 이번에는 장애 아동을 위한 시설을 여는 일로 상하이를 방문했고, 그녀의 선교 계획이 다시 실패하기는 했지만 선교 활동을 위해 베이징에도 갔다. 그런 다음 로마에서 진행되는 수녀들의 종신서원식에 참여하기 위해 로마로 향한 후 다시 폴란드 여행을 했다.

  1994년 2월에는 '국제 조찬 기도회'를 계기로 워싱턴에서 클린턴 미 대통령과 만나 환담을 나누었으며, 3월에는 다시 선교 활동의 희망을 품고 중국으로 향했으나 또 실패하고 말았다.

  마더 데레사의 이해의 일정 중 가장 눈에 띄는 것은 '우탄트 평화상'의 수상이었다. 이 상은 3대 유엔 사무총장(1961~1971)을 지낸 우탄트(1909~1974)의 이름을 따서 만든 상이다. 우탄트는 미얀마 출신의 불교 신자로 냉전, 쿠바 위기, 베트남 전쟁, 근동에서의 갈등이 일어났을 때 이를 중재하기 위해 노력했고, 개발도상국가들을 지원하기 위해 노력한 인물이었다.

이 상은 마더 데레사가 인간에 대해 쉴 새 없이 봉사한 점을 높이 사 로마에서 한 힌두교 지도자에 의해 수여되었다. 그즈음 마더 데레사는 정신을 집중하는 데 어려움을 겪었고, 묵과할 수 없을 만큼 신체가 매우 쇠약해져 있었다.

마더 데레사가 받은 상 중 가장 주목할 만한 마지막 상은 1996년에 미국의 명예시민으로 명명된 것이었다. 그다음 해에 그녀는 인간애를 발휘하고 이웃 사랑을 위해 특별하면서도 지속적으로 기여한 공로로 '연방의회 금장훈장'을 받았다.

이곳에 머무르는 동안 그녀는 마지막으로 다이애나와 손을 잡고 브롱크스를 지나 산책을 했다.

낙태 · 피임 반대 운동

마더 데레사의 명성이 세계적으로 그렇게 높은 이유는 무엇보다 그녀가 인간을 근본으로 여기는 가치 기준과 사회 윤리적인 사명 의식에 기초를 두고 있기 때문이다. 그런 가치 기준이나 윤

마더 데레사가 콜카타에 있는 프렘 단 분원에서 정신질환을 앓는 소녀를 돌보고 있다.

리 의식은 사람들이 인도의 경제발전 지원자, 수녀, 노벨 평화상 수상자로서의 그녀와 오랫동안 결합시켜 생각해 온 것들이다. 물론 그녀의 영적인 세계나 선교 활동이 모든 문화적 영역의 관점에서 올바르게 여겨진 것은 아니었다.

그럼에도 불구하고 마더 데레사는 빈곤과 차별에 대한 사회의 책임을 호소하는 데 그치지 않고, 오히려 이웃 사랑의 아이콘으로서 스스로에게 더 강한 책임의식을 심어 갔다. 그녀가 이렇게 언급하고 강조했던 당면한 사회윤리적 근본 문제들은 교회가 오랫동안 그들의 책임으로 생각해 왔던 것이며, 이를 위해 그녀는 선교를 담당하는 사람으로서 실무적인 결정들을 해 나갔던 것이다.

이런 방식으로 마더 데레사는 특정 주제들에 관한 교회의 공식 입장들을 국가와 사회의 주요 관심거리로 만드는 데 성공했다. 그녀는 무엇보다도 낙태, 인위적인 출산 조절, 그리고 그리스도교 가정 내 여성의 역할에 대해 목소리를 높였다. 이 문제들에 대한 입장을 설명하면서 그녀 자신도 여성이라는 사실과 그녀가 가진 능력을 자신의 주장을 뒷받침하는 사항들로 강조함으로써 많은 사람들의 공감을 확대하는 데 기여했다.

하지만 교회와 관련이 적고 주로 자유주의적 성향을 지닌 사람들이나 분야에서는 반감 어린 분노를 사서 이와 부딪치기도

했다. 마더 데레사에게 쏟아지는 적잖은 비난들은 매우 느리게 진행되기는 했지만 점진적으로 진행되는 사회 내에서, 그리고 결혼 공동체 내에서 여성의 동등한 지위를 확보해 가는 과정에 '이미 성인이 되다시피 한 강력한 여성'으로서 윤리적 자극을 주어 도움을 주는 것이 아니라 오히려 방해 요인으로 작용한다는 주장들을 담고 있었다.

수도회를 세운 여성이면서 교황에 대한 순명을 맹세했고, 자신이 행하는 선교 활동과 대중성의 기원을 교황에 두고 있는 마더 데레사에게 교회의 노선에서 이탈한 언급을 기대한다는 것은 그녀가 기회주의자처럼 행동했다고 비난하는 것만큼이나 상상하기 어려운 일이었다. 예수회적인 영성 내에서 교황에 대한 무조건적인 신뢰가 그녀에게는 너무나 당연한 신의 명령인 동시에 수도회의 미덕을 표현하는 것이었다.

이에 대해서는 『영성 수련』 속에 다음과 같이 언급되고 있다.

> 우리는 모든 것들을 확실히 하고 가기 위해서 항상 끝까지 유지해야 할 것들이 있다. 그것들은 다음과 같은 것이다.
> 나의 눈에 하얗게 보이는 것이라도 만약 위계적인 교회가 (그것을 까맣다고) 규정하면 나는 검다고 주장해야 한다. 왜냐하면 우리는 우리의 주인이자 신랑이신 예수님 안에 그리고 그분

의 신부인 교회 안에 우리의 영혼을 치유하시는 동일한 성령이 존재하심을 믿기 때문이다. 그리고 우리에게 십계명을 주신 그 같은 성령과 우리의 주님을 통해 우리의 성스러운 어머니인 교회가 이끌어지고 지도되기 때문이다.

―『영성 수련』, p.365

교회 내부적으로 무엇을 변화시켜 가야 하는지를 언론인들이 질문했을 때, 마더 데레사는 매우 정확하고 간략하지만 수없이 많이 인용되는 대답을 했다. 그것은 '당신과 나'였다.(Ozean, p.75) 이와 같이 항상 온전한 행동을 지향하는 답변은 마더 데레사 개인의 성향을 대변하는 것이었다. 그녀의 관심은 언제나 구체적으로 종교적 실천을 행하는 데 있었지 근본주의적인 신학 또는 도그마적인 언급에 있지 않았다.

그녀의 이러한 실천 지향성은 제2차 바티칸공의회의 관점에서 볼 때 이미 중심 영역에서는 구닥다리가 되어 버린 영성에 그녀가 어떻게 외부의 반동적인 반응을 야기시키지 않으면서 여전히 신뢰를 얻을 수 있었는지를 설명해 준다.

마더 데레사는 신학적인 논리를 준비하는 사람이 아니었다. 이 점과 관련해서 그녀가 전 세계에 드러내고 있었던 것은, 그녀가 활동의 근거로 삼은 정신적 전통들은 공의회가 거부하거나 또는 근거를 명확히 지지하는 것도 아니었고 광범위한 대중이 인지한 것도 아니었다는 점이다.

  마더 데레사에 대해 이야기하면서 생명의 보호와 여성의 역할에 대해 그녀와 견해가 다른 사람들의 주장을 논의의 대상으로 삼는 것은 의미가 없다. 왜냐하면 그녀는 폐쇄적인 체제 안에서만, 그리고 교회의 담론 안에서만 움직이고 있었기 때문이다.

  그럼에도 불구하고 전통에 깊이 천착해 있는 그녀의 영성과 관련해서 19세기가 저물어가는 시점 이래로 교회가 견지하고 있던 입장들을 살펴보는 것은 그녀의 성심 공경 · 고통 숭배 사상과 같이 대중들과 친근한 주제들을 이해하는 데 도움이 된다.

  19세기 말에 막 나타나기 시작한 현상들은 그리스도교적인 결혼과 관련된 오래된 규정들을 시대에 맞게 신학적 차원에서 개선시킬 필요가 있음을 드러냈다. 중요한 것은 교회의 관점에서 볼 때 의학의 발전이 아직 태어나지 않은 아이에 대한 보호를 완전하게 확보해 주지 못할 단계에 이른 것으로 보였고, 또한 성도덕이나 가족계획 등과 같은 영역에서 새로운 문제들이 막 발생하는 시점이었다.

  더욱이 낙태를 불허하는 선언(1895년 7월 24일)과 시날로아의 주교에게 전달된 성스러운 의무에 대한 기술(1898년 5월 4일, 멕시코)은 이 새로운 문제들에 대한 논의를 지지하는 기초로 이용되었다. 이 문건에서는 만약 엄마와 아이의 목숨이 위험하지 않다면, 예를 들어 제왕절개와 같이 출산을 촉진하는 일은 가능한 것으로 선언되었다. 그리고 어떤 이유에서든 유산을 인공적으로 유도하는 것은 비판되었다.

이와 같은 일련의 과정에서 1902년 3월 5일에 발효된 '성스러운 의무 조항'의 결정에 따라 아직 완전히 성숙하지 않았더라도, 그리고 태 속에서 자리를 잘못 잡았더라도 낙태는 금지되기에 이르렀다.

1930년 12월 31일의 그리스도교 혼인에 관한 교황 회칙 '정결한 혼인Casti connubi'에 담긴 이러한 금지 원칙은 의료적이고 사회적인, 그리고 우성학적인 적용에 이르기까지 확대 적용되었다. 왜냐하면 태아를 '불행한 일'로 이끌기 위해 의사가 개입하는 것은 살인에 해당하기 때문이다.

(우리가 이미 이야기했듯이) 이 얼마나 우리로 하여금 그 어머니를 불쌍하게 여기게 하는 일인지. 그러나 도대체 어떤 근거로 그것이 언제라도 가치 있는 일이 될 것인지, 대체 어떤 방식으로 그 죄 없는 생명을 직접적으로 살해하는 죄를 용서할 수 있는 것인가? 그 문제에 대해 바로 이 자리에서 다룰 것이다.

그 직접적인 죽음이 어머니에게 가해지든지 아니면 아이에게 가해지든지 이는 하느님의 명령과 자연의 목소리에 반하는 것이다. 똑같이 성스러운 것은 양자의 생명이며, 그것을 질식시키는 일에 대해서 어느 누구도 권한이 없으며, 이는 공개되거나 허락될 수 있는 것이 아니다.

… 또한 이른바 '아주 특별한 긴급의 원칙', 즉 죄 없는 생명을 직접 죽음으로 몰아갈 수 있을 정도로 아주 특별히 긴급한 상황에 대한 법도 존재하지 않는다.

1974년 11월 18일의 낙태에 관한 신앙교리성의 선언은 인간의 삶에 대한 권리를 가장 우선적인 권리로 묘사했고, 교회의 과제는 그를 파괴하거나 훼손시키는 모든 것에 대항해 인간을 방어하는 것이라고 선언했다. 이 선언은 사형과 모든 종류의 전쟁을 거부하면서 낙태를 옹호하는 것은 자기모순이라고 서술했다.

마더 데레사는 바로 이 논지를 노벨 평화상 시상식에서 행한 연설에서 피력했다. '낙태는 평화를 파괴하는 가장 큰 파괴 행위'라는 것인데, 그 이유는 이러했다.

"어머니가 자기 자식을 죽일 수 있다면 내가 당신들을 죽이려 하거나 당신이 나를 죽이려 할 때 무엇이 나를 제어할 수 있겠습니까? 그것은 차이가 없는 것입니다." (Spink, p.223)

마더 데레사는 의료적이거나 사회적인 그리고 우생학적인 지표에 대해서는 '정결한 혼인'의 내용에 맞춰 이야기했다. 그녀는 이미 1973년에 부모가 키우지 않으려고 하는 모든 아이들에게 가정이라는 공간을 마련해 주고 입양을 주선할 것을 강조했다. 그녀는 이에 따라 부모가 원치 않는 아이들과 장애아들을 위한 가정 형식의 시설을 세웠다.

신앙교리성의 광범위한 지침인 '생명의 선물Donum Vitae'[17]은 인간의 배아를 다루는 문제에 대한 교회의 기존 입장을 더 심화시켰고, 낙태는 하느님에 대한 도발이며 이에 따라 모든 죄 중 가장 심각한 죄라고 했던 교황 비오 12세의 언급과 연관이 있다.

> 한 분이신 하느님은 처음부터 끝에 이르기까지 생명의 지배자이시다. 누구도 그리고 어떤 경우에도 죄 없는 인간 형상의 피조물을 직접 죽음에 이르게 할 수 있는 권리를 자신의 것이라 주장할 수 없다.

이 논의는 마더 데레사의 다음 주장과 비교된다.

> 어떤 사람이 태어나는 것과 태어나지 않는 것 중 어느 쪽이 더 좋은가를 결정하는 것은 우리에게 달려 있지 않다. 건강한 사람이 죽어가는 사람보다 죽음에 더 가까이 있을 수 있다. 그가

---

[17] 교황청 신앙교리성에서 1987년 2월 22일에 반포한 훈령 – 역주

정신적으로 죽어 있는데도 단지 그것이 보이지 않는 것뿐일 수도 있다. 그것을 결정하는 우리는 누구인가. 그런 이유로 낙태는 일종의 매우 중대한 죄악이다.

이를 통해 단지 생명을 죽음으로 몰아넣는 것이 아니라 더 나아가서 자기 자신을 하느님보다 높은 자리에 스스로 세우는 행위가 된다. 왜냐하면 그것은 다시 말하면 누가 살고 누가 죽어야 하는지를 인간이 결정하는 일이 되기 때문이다. 그들은 자기 자신을 하느님으로 만들려고 한다.

그들은 하느님의 권한을 자기 손에 넣으려고 한다. 이 권한이 자신에게 있다고 하는 사람은 이렇게 말할지도 모른다. "나는 하느님 없이 완전하게 될 수 있다. 나는 하느님 없이 스스로 결정할 수 있다."고.

인간의 손으로 할 수 있는 것은 가장 악마적인 것이다. 그것들을 우리는 세상에서 일어나는 일들 중 아주 끔찍한 일들로 꼽아 볼 수 있다. 이는 하나의 처벌이며, 하느님 앞에서 항상 드러나는 모든 아이들의 비명이다.

— Konermann, p.88

마더 데레사는 자연적인 피임법은 옹호했는데, 이 점은 언뜻 보기에는 의아스럽게 느껴질 수도 있다. 그러나 그녀는 이런 적절한 방법으로 단지 원치 않는 아이나 낙태를 예방할 뿐만 아니라 인도나 다른 개발도상국가에서 인구의 폭발적인 증가를 막을 수 있을 것으로 믿었다.

그녀는 심지어 노벨 평화상을 받을 때 행한 연설에서 자신의 이런 생각을 증명이라도 하려는 듯 다소 의심스러워 보이는 최초의 성공 사례를 제시하기도 했다.

우리는 우리의 걸인들과 결핵 환자들, 그리고 우리의 슬럼가 거주자들과 거리의 사람들이 자연스럽게 출산을 조절할 수 있게 했습니다. 그 결과 콜카타에서만 지난 6년 동안 6만 1,273명의 아이들이 태어나지 않게 했는데, 그들은 사실 우리의 이런 조치가 아니었으면 태어났을지도 모르는 생명들이었습니다.
우리는 그 사람들로 하여금 이런 자연스러운 방법을 취함으로써 생명을 포기시키는 삶을 살지 않으면서도 서로를 위해 사랑에서 우러나오는 자기 조절의 원칙들을 지키게 한 것입니다. 우리는 그들에게 체온을 이용해서 임신을 조절하는 방법을 가르쳐 주었는데, 이것은 정말 간단하고 매우 좋은 방법이었습니다.
우리의 가난한 이웃들은 이 방법을 잘 이해했습니다. 그들이

나에게 어떤 이야기를 했는지 아십니까? 그들은 "우리 가족은 건강하고 모두 함께합니다. 우리는 우리가 원할 때는 언제든 아이를 가질 수 있습니다." 하고 말했습니다.

― Spink, p. 335

 마더 데레사는 자연적인 방법을 통한 출산 조절과 더불어 심지어 '신성한 가족계획'이라는 것에 대해서도 이야기했다. 그녀는 이것을 1880년 6월 교회에서 허가한 사항들과 연관시켰는데, 허가령이란 1939년 10월 20일의 교황 회칙 '인류 사회의 일치에 관하여 Summi Pontificatus'와 1968년 7월 25일의 교황 회칙 '인간 생명 Humanae vitae'에서 다시 반복되는 내용으로 수태 가능성이 높은 날에 동침하도록 하는 내용을 담고 있다. 결혼한 사람들은 이런 방식으로 "진실되면서도 모든 관점에서 볼 때 진정한 사랑의 증거가 제공하는" 기회를 가질 수 있다는 것이다. 마더 데레사는 이런 주장 또한 반복했다.
 교회는 이외에도 수태에 방해가 되는 모든 다른 방법은 거부했다. 그렇기 때문에 마더 데레사는 인도의 슬럼가에 거주하고 있던 비그리스도교인들에게 인도 정부가 매우 강력하게 추천한 '인위적인' 피임 방법의 영향을 받지 않으려고 했다. 마더 데레사는 이 인위적인 피임 방법에 대한 거부와 더불어, 비록 인도에서 그녀의 움직임을 별로 진지하게 받아들이지는 않았지만 불임 시술까지 계획하고 있던 인도 정부의 인구 정책에 반대하는 입장을 공공연하게 드러내기도 했다.

그런데도 가톨릭 주교회의는 이런 문제에 대해서는 한쪽에서 방관하고 있었으며, 인디라 간디에게 글을 써서 마더 데레사가 인도 정부의 정책에 대해 행하는 그런 식의 간섭을 자신들은 절대적으로 거부한다는 입장을 밝혔다.

마더 데레사의 투쟁은 주로 낙태와 피임에 대한 것이었고, 그녀는 피임약의 개발 이후에는 세계적 차원에서 이에 대항하는 싸움을 벌였다.

이 싸움은 자신에게 어떤 결과가 생기든 상관하지 않는 것이었고, 심지어 문자상으로는 자신의 다른 업적 때문에 주어진 노벨 평화상까지 걸고 단행하는 투쟁이었다.

그녀가 이 일을 진행하면서 주장의 근거로 삼은 것 중 하나는 교황 회칙인 '정결한 혼인'이었다. 그리고 '인간 생명'에 나와 있는 대로 '출산 조절을 허락하는 경우'에 대한 문구의 내용도 이에 해당하는데, 사실 그 문장은 단지 금욕을 전제로 하는 것이었다.

이외에 1936년 8월 11일에 제정된 '성스러운 의무에 대한 설명'도 마더 데레사의 주장에 힘을 실어 주었다. 그것은 불임화 과정을 통해 장애가 있는 후손이 생기는 것을 막는 행위도 역시 금지한다는 내용이었다.

남성은 중심이며 여성은 심장이다

마더 데레사 자신이 강하게 견지하는 사도로서의 태도가 단지 낙태와 인위적 피임에 대한 투쟁에서만 나타나는 것은 아니다. 그것은 더 나아가 전통적인 가족 내의 역할 관계가 해체되는 것이나 여성 해방에 반대하는 투쟁에서도 나타난다. 가족 구조의 해체와 해방된 여성들의 이기주의 때문에 혼인 상태와 가족이 해체되고 이로 인해 기댈 곳 없이 마약에 중독되거나 정신적으로 황폐해 가는 청소년들이 발생한다고 마더 데레사는 보고 있다.

사실 이 두 현상, 즉 가족 구조의 해체와 여성 해방 문제는 이혼과 더불어 교회에서 인정해 주지 않는 사안이다. 마더 데레사는 교회를 '예수의 신부'로 설정하고, 남성과 여성의 결혼 관계 또한 그러하다고 해석한다. 그녀는 자신의 삶의 과제를 예수에 대해 겸손하고 순종적이며 순결을 지키고 가난한 자들을 위해 봉사하는 것에 두었다는 점, 그리고 이 방법이 예수가 자신에게 준 사랑에 감사할 수 있는 표현이며 또한 그로부터 사랑을 받기 위한 것이라는 점을 분명히 하고 있다.

그러면서 그녀는 결혼한 여성은 바로 그런 자세로 남편을 대해야 한다고 주장한다. 그리스도교를 믿는 기혼 여성은, 물론 이는 결혼한 그리스도교의 모든 배우자들에게 해당하는 것이지만, 혼인성사[18]를 통해 형성된 의무를 지고 있으며, 이는 그리스도교적인 결혼과 각자의 역할을 충실히 수행하는 가족 생활 속에서 완수될 수 있다는 것이다. 기혼 여성의 과제는 배우자에게 매일 받는 사랑을 그녀 자신에게와 마찬가지로 그녀의 가족, 특히 아이들에게 계속 전달하는 데 있다는 것이다.

여기서 다시 마더 데레사의 생각이 그전에 교황에 의해 제정된 회칙인 '정결한 혼인'과 연관되어 있고, 그것이 종합되어 있다는 것이 드러난다. 이 교황 회칙의 내용은 이러하다.

> 사랑의 질서는 아내와 아이들에 대해 남편이 우위에 서고 부인은 자발적이고 강제적이지 않은 자기 낮춤과 남편에 대한 순명을 포함한다. … 여성은 남편의 신하가 되어야 하는데, 이는 마치 주인에 대한 신하의 관계와 같다. 왜냐하면 마치 예수가 교회의 중심이듯이 남성은 여성의 중심이기 때문이다.
> 그러나 여기서 말하는 순명은 여성이 인간으로서 가지는 탁월함이나 결혼 상대자, 어머니, 애인으로서 행해야 할 최상의

---

[18] 가톨릭교회에서 남녀가 일생 동안 부부로서 인연을 맺고 그 본분을 잘 이행할 수 있도록 축복하며 가정생활에 필요한 은총을 베푸는 성사 – 역주

기품 있는 과제를 수행하는 데 필요한 완전한 권리를 소유할 자유를 거부하거나 제거한다는 의미가 아니다. … 더 나아가 이 순명은 가족의 안녕을 보호하지 않는 과도한 자의성은 거부한다. … 즉, 남편이 우두머리이면 여성은 심장인데, 이는 마치 전자가 지도하는 것을 우위에 두는 경향이 있고 후자가 자기 자신보다는 사랑을 우위에 둘 수 있고 그렇게 두어야만 하는 것과 마찬가지이다.

마더 데레사는 이에 기초한 자신의 생각을 드러내기 위해 간단한 문구들을 만들었다. 1975년 멕시코시티에서 열린 국제 여성의 해 세계 회의에서 드러난 내용은 다음과 같다.

여성이 남성에 대한 자신의 역할을 완수하면 그녀를 둘러싼 주변에 평화가 오게 된다. 그러면 세계는 평화가 지배하게 될 것이다. 여기에 남편에게 넘겨줄 수 없는 여성의 과제가 있는 것이다. 즉, 무엇인가를 만들어내는 힘, 사랑의 힘… 여성의 위대함은 다른 사람에 대한 사랑에 있는 것이지 자기 자신에 대한 사랑에 있는 것이 아니다.

— Spink, p.182

마치 마더 데레사가 '인간 생명'이라는 교황의 회칙과의 조화 속에서 지칠 줄 모르고 설명하듯이, 여성이 기혼 여성과 어머니로서의 역할을 이상적 방식으로 '온전한 사랑'으로 실현하고 결혼을 사랑의 공동체로 설명하게 되면, 여성의 역할은 단지 기꺼이 자신을 '희생함으로써' 배우자를 풍성하게 하는 데 있는 것으로 규정하게 된다. 그런 관점을 모성, 가족의 삶 그리고 교육을 위한 일이라는 고상한 가치와 결합시키게 되기 때문에 이런 생각들은 결국 후손들을 계속 출산하기 위해 피임약의 사용을 절제하는 동시에 어머니들의 교육적인 업적과 이를 위해 자신의 사회적 경력을 포기하는 행위를 사회적으로 인정하기 시작한 많은 국가들의 근대적인 시대정신과 가족 정책과 우호적인 입장에서 마주치게 된다.

 이런 이유로 마더 데레사는 비가톨릭 국가들도 포함한 국제 여성 연합에 의해서 영예로운 대접을 받게 되었다. 마더 데레사의 정신세계 속에 존재하는 이상적인 기혼 여성상을 '세속적인' 관점에서 평가하는 것은 의미가 없다. 왜냐하면 가톨릭 교회와 그녀에게 결혼은 개인적인 상황으로 인식되지 않았는데, 결혼이 그녀에게는 결혼 당사자들과 그리스도교 가정을 성스럽게 만들 수 있는 유일한 방편이었기 때문이다.

 결혼 당사자들에게는 바로 거기서부터 '그녀의 온전한 삶을 영속적으로 영적인 희생으로' 전환하기 위한 은총과 도덕적인 의미들이 성장하게 되는 것이다. 이는 사도적인 가르침을 담아 1981년 11월 22일에 발표한 교황의 권고 '가정 공동체Familiaris Consortio'가 의미하는 것과 유사하다.

마더 데레사의 수도 공동체들은 결혼을 통해 공동체를 이루고 사는 신자들에게 스스로 성스럽게 되기 위한 기도와 그리스도교적인 이웃 사랑의 과제 실천 등과 같은 활동을 요구했다. 그리고 이런 이유로 인해 결혼 생활에 대해 교회가 주는 가르침을 신뢰할 수 있는 모델을 만들었다. 그 모델을 마더 데레사는 다음과 같은 설명으로 제시한다.

> 사랑은 가정에서 시작된다. 그렇기 때문에 함께 기도하는 것이 중요하다. 만약 당신들이 함께 기도하면 당신들은 함께 존재하는 것이며, 당신들은 마치 하느님이 당신들 모두를 사랑하셨듯이 그렇게 서로를 사랑하게 된다. … 만약 우리가 이를 행하지 않는다면 성스럽게 되기는 어려워지며, 믿음 안에서 우리를 강하게 만들어 나가는 일을 지속하기가 어려워진다. 어머니들은 가족의 심장을 이루며, 어머니의 과제는 어머니 자신의 가톨릭 신앙의 모범을 통해 자녀들에게 그리스도교적인 신앙을 심어 주는 데 있을지도 모른다.

1964년 제2차 바티칸공의회에서 발표한 교회에 관한 교의 헌장 '인류의 빛 Lumen Gentium'의 내용과 조화를 이루면서 마더 데레사는 이런 방식으로 세계의 복음화 과정에 동참했고, 그럼으로써 자신의 선교 의무를 다하려고 했을지도 모른다. 세계의 복음화는 가톨릭 가정을 통하여 이루어진다는 것이다.

이러한 결혼에 의한 관계에서 가족이 생겨나고, 그 속에서 인간 세상의 새로운 공동 시민이 생기는 것이며, 이 새로운 공동 시민은 세례를 통하여 주어지는 성령의 은총을 통해 하느님의 자녀가 되는데, 이는 영속의 시간이 흐르는 동안 하느님의 백성의 지위를 주기 위한 것이다. 그러한 일종의 가정 교회에서 부모들은 자녀들을 위한 말씀과 스스로 보이는 모범을 통해 최초의 신앙 전달자가 되고, 개인들에게 주어진 고유한, 그러나 영적으로는 매우 세밀한 사명의 완수를 촉진하게 된다.

그리스도교인들이 많으면 많을수록 세상은 더 좋아질 것이다. 여성들에게는 이를 위한 커다란 의무가 있다. 왜냐하면 여성은 이런 것들을 행하기 위한 사도직의 기초 작업을 수행하는 존재이기 때문이다.

이와 같이 지속적으로 축소되어 가는 영적인 선교 공동체들이

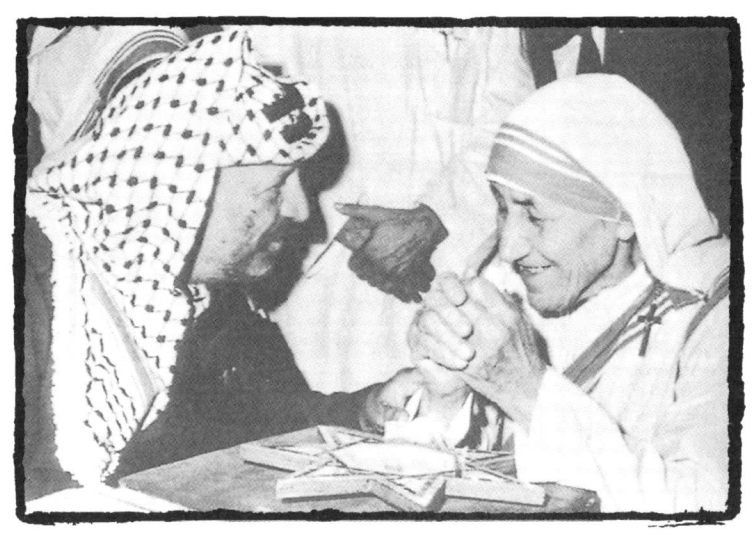

1986년, 아라파트 PLO 의장이 기부금을 내기 위해 마더 데레사를 영접하고 있다.

아니라 평신도들에게 더 큰 선교 능력이 있기 때문에 제2차 바티칸공의회에서도 선교 역할을 하는 가족을 특히 가치 있는 것으로 규정했다. 그리고 마더 데레사 또한 예수의 심장의 상처를 돌보는 일을 가족에게 부여하게 된 것이다.

마더 데레사는 이외에도 자신의 노력을 통해 세속인의 일상적 삶을 성스럽게 하고 이런 식으로 세계를 그리스도교화하려고 노력했는데, 이것은 그녀 혼자의 힘으로 한 것은 아니었다. 오푸스 데이 역시 이런 목적을 위한 작업에 참여했던 것이다. 그러나 오푸스 데이의 활동은 마더 데레사의 기반들과는 달리 사회적이고 지적인 엘리트들을 대상으로 이루어졌다.

사회 내 여성의 역할에 대한 마더 데레사의 지칠 줄 모르는 기여는 마침내 교황 요한 바오로 2세의 사도적 서한 '여성의 존엄 Mulieris dignitatem'을 통해 확고한 지원을 받았다. 남성과 여성의 '평등성의 훼손'이 이 교서에서는 하느님이 준 하나의 '선물과 법'으로 표현되어 있다. 구체적으로 살펴보면, 여성은 자신의 여자로서의 고유한 성향을 거슬러 남성적인 특성을 자신의 것으로 만들 수 없다. 그리고 여성이 이러한 방식으로는 완전해지지 않을 것 같다는 불안감은 이미 증명되었다.

여성의 두 가지의 사명 중 하나는 모성이며, 다른 하나는 '영적인 모성'을 의미하는 동정성이다. 그리고 마더 데레사는 정확하게 이런 방법으로 고유한 여성으로서의 존재감을 실제화시켜 갔다.

인생의 마지막 해와 시복식

마더 데레사는 1993년 심장 수술을 받은 이후 나이에 걸맞게 늙어 버렸고, 이때 자신에게 가해진 최초의 이미지 손상을 느끼기 어려웠다. 그녀는 오랜 세월 동안 공개적 비판의 대상이 되어서는 안 되었는데, 이제는 나이 때문에 더 이상 그런 힘을 발휘하지 못했다.

1994년 11월, 크리스토퍼 히첸이 만든 〈빛의 천사〉가 영국 텔레비전에서 방영되었다. 마더 데레사를 폭로하는 이 방송에 대한 그녀의 반응은 다만 중재를 호소하는 다음과 같은 힘없는 목소리일 뿐이었다.

"이 사람이 자신이 행하는 것이 무엇인지를 알게 되도록 기도해 주십시오. 왜냐하면 예수님께서는 네가 가장 보잘것없는 이에게 해 준 것이 곧 예수님께 해 드린 것이라고 말씀하셨기 때문입니다." (Spink, p.320)

마더 데레사는 1995년에 출간된 히첸의 책 『선교사의 위치, 마더 데레사에 대한 이론과 실재』에 대해서도 아무 언급을 하지 않았다. 사실 그는 이 책에서 그녀가 실제로 진행하고 있던 사회활동과 '콜카타의 천사'라는 명성 사이의 의미심장한 불균형에 대해 확신을 가지고 주장했고, 비록 그 연관성이 공정성을 띠지는 못했지만 그에 대한 증거자료도 제시했다.

마더 데레사를 향한 히첸의 이와 같은 공격은 애롭 차터지가 행한 조사 자료에 근거한 것이었다. 차터지는 이중 일부를 이전에 이미 공개했고 2003년에 처음으로 『마지막 압축』이라는 제목으로 책을 출판했다.

수도회는 그때 이후 점점 더 많아지고 어느새 일반적으로 알려진 이와 같은 비난에 대해 지금까지도 전혀 대응을 하지 않고 있다. 이러한 무대응 역시 마더 데레사의 방식을 그대로 따라하고 있는 셈이다. 히첸의 책은 루신다 바르다이가 함께 만들었으며, 마더 데레사의 이름으로 나온 『단순한 길』이라는 책과 같은 시점에 세상에 나왔다. 『단순한 길』은 마더 데레사의 이웃 사랑의 정신 세계로 인도하기 위해 쓰여진 책이었다.

그 이듬해에 마더 데레사는 인도에서 가장 지위가 높은 힌두 사제에게서 비난을 받았다. 그 이유는 인도에서는 불법으로 간주되는 그리스도교로의 개종과 교회 건립을 목적으로 북인도 지역에서 많은 물적 공세를 펼쳤다는 점 때문이었다.

또한 그녀가 행하는 반反낙태와 반反피임 캠페인은 점점 더 많은 공개적 비판의 대상이 되었다. 왜냐하면 인도 정부는 인구 과잉 상황을 큰 문제로 인식하고 있어 아이를 신의 선물로 여기지 않았으며, 따라서 인구 과잉을 막기 위해 가족계획이라는 비자연적 출산 조절 방법을 장려하고 있었기 때문이다.

심지어 가톨릭 주교회의와 그녀를 몇 년간이나 우호적으로 대해 온 인도 언론마저 마더 데레사의 잘못을 추궁하기에 이르렀다. 왜냐하면 그녀가 낮은 카스트 출신 그리스도교도들을 위해서도 일자리와 직업 훈련소를 마련하기 위해 정열적으로 일하고 있었고, 심지어 이를 진행하기 위한 연좌 농성에도 가담했기 때문이다.

이러한 운동에 대한 참여의 연장선상에서 그녀는 순전히 이런 일을 목적으로 열린 언론 회의에서 이를 위한 논쟁을 진행하기도 했다. 하지만 그녀는 이 행사를 하나의 기도를 위한 집회로 여겼다. 85세의 마더 데레사는 점차 이런 과정들을 거치면서 과도한 일을 감당하기를 버거워하는 상태에 이르렀다.

또한 이 시기에 있었던 사건, 즉 오랫동안 같은 길을 걸어온 동료들의 죽음이 마더 데레사를 더 힘겹게 만들었다. 오랜 동지였던 판 엑셈 신부는 그녀가 심장 수술을 받은 직후인 1993년 9월에 눈을 감았고, 그녀에게 작별의 편지를 남겼다. 마더 데레사 국제 협력자회를 초창기부터 이끌었던 앤 블레이키는 알츠하이머병을 앓다가 1996년 1월에 세상을 등졌다. 또한 마더 데레사에게 기도하는 두 번째 자신이기도 했던 재클린 드 데키가 1996년에 자신이 하던 일에서 손을 놓았다.

1996년 4월, 마더 데레사는 한쪽 쇄골 골절을 당했으나 곧 회복되었다. 그리고 나서 6월에 여행에 나섰다가 더블린에서 다시 넘어지면서 발꿈치뼈가 부러지는 부상을 당했다. 그녀는 특히 기억력의 저하를 나타냈다.

8월에는 우드랜드 클리닉에서 심장 문제와 싸워야 했고 말라

리아와도 싸웠다. 9월 6일에 회복해서 병원 문을 나섰던 마더 데레사는 열흘 뒤 다시 쓰러져 병원으로 돌아와야 했다. 10월 22일, 그녀의 심장은 일시적으로 멈췄고, 이로 인해 심장 클리닉으로 이송되었으며, 11월 말에 폐·신장 수술을 추가로 받았으나 다시 몸을 추슬렀다.

1997년 2월과 3월, 사랑의 선교회 총참사회는 6명의 후보자 가운데 수녀 니르말라를 마더 데레사의 후계자로 선출했다. 니르말라 수녀는 1934년에 비하르에서 장교의 딸로 태어났으며, 최고 카스트 신분인 브라만에 속했고, 24세의 나이에 가톨릭에 귀의해 사랑의 선교회에 들어갔으며, 거기에서 법학을 배웠다. 마더 데레사는 그녀를 유럽과 미국으로 보내어 그곳에서 센터 건립을 담당하게 했다.

1979년 이래로 니르말라 수녀는 사랑의 관상선교회를 이끌었다. 그녀는 (여기서 다시 자연스럽게 이상한 보고가 추가되는데) 122개 나라의 579개 분원과 3,630명의 수녀들을 인솔할 책임을 넘겨받아야 했다고 한다. 마더 데레사는 니르말라 수녀와 함께 5월에 로마로 가서 교황에게 자신의 후계자를 소개했고, 몇몇 수녀들의 종신서원식에 참여하게 하였다.

죽기 바로 얼마 전 심장의 통증과 불면증으로 고통을 받던 마더 데레사는 친분 관계가 있던 콜카타의 대주교 앙리 드수자의 제안으로 구마식에 참여했다. 그는 당시 같은 병원에 머무르고 있었다. 이 의식은 마귀를 쫓기 위한 교회 의식이었다. 그녀는 이 과정 이후 '마치 아기처럼' 눈을 감았다고 한다.

구마식을 했다는 사실이 세상에 처음 드러난 것은 2001년의 일로, 이 부분 역시 마더 데레사의 전설 중 한 부분이었다. 왜냐하면 그녀는 이 과정을 통해 자신이 성인적인 경향을 가지고 있음을 과시한 셈이었기 때문이다. 앙리 드수자는 이 구마식과 시복 과정에서 드러난 믿음에 대한 회의가 담긴 몇몇 편지들은 마더 데레사가 성스러운 동시에 인간적이었음을 나타내는 것이었다고 보았으며, 그렇게 때문에 그녀의 성스러움을 증명할 수 있다고 주장했다.

이 일은 성인전적인 관점 아래서 그렇게 해석되었다. 왜냐하면 악마의 방문과 하느님으로부터 버림받았다는 느낌은 예수도 경험한 것이었기 때문이다. 하느님은 하느님을 가장 잘 믿는 사람에게 하느님을 의심하는 것을 허락했고, 이는 그렇게 함으로써 그 사람을 하느님에게 더 강하게 붙잡아 두기 위한 것이라는 것이다. 그래서 니르말라 수녀는 마더 데레사가 직접적으로 예수의 뒤를 잇게 된 것이라고 이야기한다.

마더 데레사는 87번째 생일을 콜카타에 있는 마더하우스에서 지냈다. 이때 그녀는 마지막으로 언론에 대대적으로 공개되었다. 이 기회에 그녀는 파리에서 남자 친구와 함께 자동차 사고로 불행하게 죽은 전 영국 왕세자비 다이애나를 위해 기도할 것을 당부했다.

마더 데레사는 다이애나의 장례 하루 전인 9월 5일에 눈을 감았다. 그녀의 장례식은 일주일 뒤에 인도 국가장으로 거행되었고, 국영 텔레비전은 장례식 과정을 5시간에 걸쳐 생방송으로 중계했다. 또한 외국의 텔레비전도 이를 중계했다.

장례식에는 전 세계에서 온 유명 인사들과 국가를 대표하는 인물들이 참석했다. 그중에는 이탈리아·알바니아·인도의 국가 수장과 힐러리 클린턴, 프랑스 시라크 대통령의 부인 베르나데트 시라크, 스페인 왕비 소피아와 벨기에 왕비 파비올라도 있었다. 독일에서는 당시 노동부 장관이었던 노베르트 블륌을 대표로 보냈고, 당시 연방의회 부의장이었던 안티에 폴머가 참석했다.

교황 요한 바오로 2세는 교황청 대표로 참석한 안젤로 소다노 추기경이 대신 읽은 추모사에서 "천국에 오신 것을 환영합니다."라고 말하였다.

드수자는 자신이 행한 연설의 마지막 부분에 빈자들에게 방향을 돌려 "가난한 자들이여, 마더 데레사가 성취한 가난한 자들, 여러분에게 감사합니다."라는 언급으로 마무리했다. 장례 행사는 사랑의 선교회의 마더하우스에서 진행되었다.

시복식 절차를 일찍 밟는 데 대해 교황청에서 전혀 반론을 제기하지 않음으로써(일반적으로는 죽은 뒤 적어도 5년이 지난 시점까지 기다린다) 1999년 7월 26일에 공식적으로 시복식을 위한 절차가 시작되었다. 브라이언 콜로디체크 신부는 사랑의 선교회 총장에 의해 시복 제안자로 결정되었고, 마스카렌하스는 그의 대리자로 임명되었다. 마더 데레사의 삶과 덕의 발전을 연구하기 위한 위원회는 드수자에 의해 꾸려졌다.

2001년, 자료 조사가 끝나고 심사를 의뢰하기 위해 각 450쪽 분량의 자료 8권이 제출되었다. 2002년 4월, 자료 검토를 담당한 사람들이 교황청 시성성에 자료를 보냈다. 시복을 위한 조사가 중간 정도 진행된 뒤에도 이 자료들에 접근하기는 역시 어려웠다. 이는 마치 전 세계에 퍼져 있는 마더 데레사에 관한 원사료의 일부만큼이나 접근하기 어려웠다.

체계적으로 자료를 살펴보는 것이 불가능한 이상 마더 데레사에 관한 책들에 많은 틈새들과 부정확성, 불합리성, 전달 과정에서 왜곡된 부분 등이 존재하는 지금의 상황은 계속될 것이다. 유감스럽게도 여기에는 여전히 사랑의 선교회의 역사가 보여 주는 불투명성도 해당한다.

마더 데레사가 보여 준 수준 높은 영웅적 미덕은 의심할 여지가 없다. 그럼에도 불구하고 시복의 필수 사항이라고 할 수 있는 사후의 기적이 인정되기 위해서는 2002년 10월 1일까지 기다려야 했다.

마더 데레사가 죽은 후 정확히 1년 뒤, 사랑의 선교회 수녀 몇몇이 암으로 죽어가던 인도 여인 모니카 베스라의 뱃속에 있던 거대한 암덩어리 위에 마더 데레사의 메달을 올려놓고 밤새도록 치유를 도와달라고 기도했다. 베스라는 문맹이었고, 콜카타에서 북동쪽으로 460마일 떨어진 곳에서 남편과 아이들과 함께 매우 가난하게 살고 있었다.

첫 몇 달 동안 베스라의 남편은 자신의 아내가 일 년 넘게 복용해야 했던 약을 먹고 회복했다고 주장했다. 치료를 담당한 의사도 명백하게 기적은 없었다고 말했다. 그는 사실은 죽을 정도로 위중한 암 덩어리가 아니라 결핵과 관련된 중간 크기의 배포낭이었을 것이며, 이것이 완전히 축소되었을 것이라고 했다.

베스라는 병력이 담긴 소노그램, 처방전, 의사 소견서를 베타 Betta M.C에게 빼앗겼다고 말하고 있고, 그 이후 이것들은 어디론가 자취를 감추어 버렸다.

수도회는 이 부분에 대해서 아무런 언급도 하지 않았다. 하지만 나중에는 모니카 베스라뿐만 아니라 그녀의 남편도 마더 데레사의 기적을 확신하는 발언을 했다.

이는 마더 데레사의 기적에 의한 회복이며, 이것이 내 아내를 도왔다. 이에 나의 아이들과 나는 수녀들의 도움을 받아 교육을 받고 있고 작은 땅을 사기에 이르렀다. 모든 것은 최상의 상태로 변화했다.

— 〈텔레그래프〉, 2003년 10월 5일자

이 부부는 그리스도교로 개종했고, 베스라는 2003년 10월 19일 선교주일에 거행된 마더 데레사의 시복식에 참석하기 위해 로마로 날아갔다.

시복식에서 행한 강론에서 교황 요한 바오로 2세는 다음과 같이 마더 데레사를 높이 평가했다.

병든 자를 돌보는 착한 사마리아인의 모범으로서 세계 어디든 가서 예수님을 위하여 가난한 자들 중 가장 가난한 자들을 돌보았다. 분쟁이나 전쟁도 그녀를 멈출 수 없었다.

… 예수님의 사랑과 영혼에 대한 목마름을 예수님의 어머니인 마리아와 함께 해소시키는 것이 마더 데레사의 유일한 삶의 목표였다. 그녀는 자신을 넘어서 발전해 갔고 지구의 이곳저곳을 다니게 했던 그 내면적인 힘은 가난한 자들 중 가장 가난한 자들을 구하고 성스럽게 만드는 데 사용되기 위하여 움

직여졌다. 마더 데레사는 그녀의 가장 깊은 곳에 두었던 소망을 실현했으며, 그녀 자신을 신과 이웃들에게 온전히 바치며 여성으로서의 숭고한 특징을 발휘했다.

··· 마더 데레사는 영혼들을 하느님께 이끌었고, 영혼들은 그녀를 하느님에게 이끌었다. 그리고 그녀는 예수님의 목마름, 특히 가장 곤란한 지경에 처한 이들에 대한 갈급함, 그리고 고통과 아픔으로 인해 자신이 가진 하느님에 대한 상이 흐려지게 된 이들에 대한 예수님의 목마름을 해갈시켰다.

요한 바오로 2세와 마터 데레사의 만남. 요한 바오로 2세는 특히 낙태와 피임에 대한 마더 데레사의 보수적 견해를 지지하였다.

✝ 마더 데레사 **연보**

1910년 8월 27일   마케도니아의 스코페에서 출생함.

1925년   예수회의 프란조 잠브레코빅 신부가 스코페에 부임, 후에 마더 데레사가 될 소녀의 영성을 형성하는 데 중요한 요인이 된 리지외의 성 데레사를 소개함.

1928년   예수회와 가까운 로레토 수녀회에 들어감.

1929년 1월   북인도의 다르질링에서 수녀로서 수련생활을 시작함.

1937년   종신서원을 하고 마더 데레사로 명명됨.

1929년~1948년   콜카타에 있는 로레토 수녀회 소속의 고등학교에서 교사로 재직하고, 1937년부터는 학교장으로 일함.

1942년   교황 비오 12세가 티 없이 깨끗하신 성모 성심 축일을 승인하였고, 이것이 마더 데레사가 성모 성심을 각별히 공경하는 계기가 됨.

1946년 9월 10일   마더 데레사가 기차 안에서 '가난한 자들 중 가장 가난한 자

	들' 을 위한 선교회 설립을 결심함(이른바 기차 체험).
1947년 8월 15일	인도의 독립 선언. 새 헌법에 외래 종교의 선교 금지 조항을 넣을지 여부가 논의됨.
1948년 4월 12일	마더 데레사가 로레토 수녀회를 떠나 새로운 수도회 설립을 준비할 수 있도록 허락을 받음.
1948년 말	병자를 돌보기 위한 기초 지식 습득에 정진함. 모티즈힐에 있는 슬럼가에서 선교를 시작하고, '가난한 자들을 위한 작은 수녀들' 이라는 단체를 거점으로 삼음.
1949년 2월	고메즈의 집에 거처를 정함. 마더 데레사를 돕고자 하는 수녀가 처음으로 그녀와 합류함.
1950년까지	조력자 모임들이 견고하게 확립되어 감.
1950년 10월 7일	교황 바오로 6세가 '사랑의 선교회' 를 주교 수도회로 승격시킴. 마더 데레사는 티 없이 깨끗하신 성모 성심을 자신의 수도회의 수호성인으로 결정함.
1952년	'병에 시달리는 이들로 구성된 협력자회' 가 결성됨.
1953년	최초의 '죽어가는 사람들의 집' 인 니르말 흐리다이가 만들어짐. 앤 블레이키가 마더 데레사와 손을 잡고 홍보와 행정 업무를 담당하기로 함.
1955년	나토에 대항하여 이를 견제하기 위한 바르샤바조약기구가 창설되고 이로써 냉전 체제가 더 굳어짐. 이런 정치적 상황에서

	마더 데레사는 '이웃 사랑의 표상'으로 이미지가 굳어짐. 최초의 어린이를 위한 집인 시슈 바반이 건립됨.
1957년	이동식 나병 환자 병원 1호가 탄생함.
1959년	티타가르에 최초의 나병환자 센터이자 콜카타 외의 지역으로 서는 최초로 사랑의 선교회 분원이 세워짐.
1960년	앤 블레이키가 영국에 '마더 데레사 위원회'를 설립함. 마더 데레사가 활동 영역을 넓히면서 이후 평생 동안 하게 될 세계 여행이 시작됨.
1961년	비동맹운동연합체의 회헌이 작성되고 이 운동의 비공식적인 평화대사로 마더 데레사가 활동하게 됨.
1962년	인도의 파드마쉬리 훈장, 필리핀의 막사이사이상을 수상함.
1963년 3월 25일	'사랑의 선교수사회'가 설립됨.
1964년	결핵 환자들을 위한 '산티 나가르'를 설립함.
1965년 2월 1일	사랑의 선교회가 교회법에 근거한 단체가 되고 세계적인 규모로 확산됨.
1965년	베네수엘라의 코코로테에 최초의 외국 분원을 설립함.
1969년 3월 26일	'마더 데레사 국제 협력자회'를 결성함.
1971년	'요한 23세 평화상'이 교황 바오로 6세에 의해 수여됨. 워싱턴에서 명예박사학위를 받음.
1972년	뉴델리에서 자와할랄 네루 상을 수상함.

1973년	런던에서 템플턴 상을 수상함.
1975년	북캐롤라이나 대학에서 알버트 슈바이처 상을, 캐나다의 성 프란시스사비에르 대학에서 명예박사학위를 받음.
1976년	관상수도회인 '말씀의 자매회'를 설립함. 이들은 1977년부터 '사랑의 관상선교회'로 활동함.
	뉴델리에서 명예박사학위를 받음.
1977년	케임브리지 대학에서 명예박사학위를 받음.
	아일랜드에서 카발리에리 델 우마니타 상을 받음.
1978년	마더 데레사에 대해 특히 지원을 아끼지 않았던 교황 요한 바오로 2세의 교황 임기가 시작됨.
	관상수도회인 '말씀의 형제회'가 설립되어 1985년부터 '사랑의 선교회 관상형제단'으로 활동함. 발잔 상을 수상함.
1979년	오슬로에서 노벨 평화상을 수상함. 나토의 이중 결정과 소련의 아프가니스탄 침공 이후 냉전 체제의 적대성이 심화되었는데, 이 일이 있은 후 한 수녀에게 주는 상에 대해 언론에서 좀 더 높은 상징적 의미가 있는 것으로 평가하게 됨.
1980년	인도의 최고상인 바라트 라트나 상을 수상함.
1981년	로마에서 명예박사 학위를 받음. 아이티의 국가 최고상을 수상함(독재자 장 클로드 두발리에가 시상).
1983년	미국의 SDI 계획이 그 추종자들인 마더 데레사의 사랑의 선교

	회의 눈에는 이데올로기적인 것으로 평가됨. 영국에서 공로상 수상. 오스트레일리아 정부로부터 훈장을 받음.
1983년	'그리스도의 몸 형제단'이 만들어짐. 이 단체는 1987년 '사랑의 사제선교회'라는 명칭으로 교황에게 인정받음.
1985년	미국의 자유상을 받음.
1986년	교황 요한 바오로 2세가 니르말 흐리다이를 방문함.
1987년	소련 평화위원회의 메달을 받음.
1988년	런던에서 자선을 위한 명예훈장을 받음.
1989년	바르샤바조약기구와 소련의 해체로 보다 쉽게 구 동구권 지역에 수도회 분원을 만들 수 있게 됨. 런던에서 '세계의 여성상'을 받음. '사랑의 평신도선교회'를 합병함. 심장 수술을 받음.
1992년	알바니아의 명예시민권을 획득함. 유네스코 총재에게 '유엔 문화대사의 평화교육상'을 받음. '기쁨과 희망상'을 받음. 사담 후세인을 방문함.
1993년	새로 심장 수술을 받았고, 이에 대해 세계 언론이 깊은 관심을 보임.
1994년	우탄트 평화상을 받음. '마더 데레사 국제 협력자회'가 해체됨. 폭로 영화인 〈지옥의 천사 Hell's Angel〉가 만들어짐.
1996년	미국의 명예시민권을 획득함.

1997년	미국 의회가 주는 금메달을 받음. 수녀 니르말라를 총장수녀이자 마더 데레사의 후계자로 선출하기 위한 선거가 실시됨.
	마더 데레사의 '예수성체운동'이 주교 사제단의 국제 연대로서 사도들의 의미를 가지는 것으로 인정받음.
1997년	콜카타에서 임종함.
1997년	시복을 위한 철차가 시작됨.
2002년 10월 1일	사후 치유 기적에 대해 교회에서 인정함.
2003년	마더 데레사의 시복식이 바티칸 성베드로 광장에서 교황 요한 바오로 2세의 집전으로 거행됨.

† 참고문헌

Wichtige Schriften von Mutter Teresa

Der einfache Weg, 1995.

Ein Weg zum Lieben. Meditationen, 1993.

Für jeden Tag. Gedanken von Mutter Teresa, 1990.

Geistliche Texte, 1977.

Liebe beginnt zu Haus, 1980.

Lieben bis es weh tut, 1979.

Mein Geheimnis, 1981.

Wie ein Tropfen im Ozean. Hundert Worte von Mutter Teresa, 1997.

Worte der Liebe. Mit einer Einführung von M. Muggeridge, 1979.

Biographien

Allegri, Renzo: Mutter Teresa. Ein Leben für die Ärmsten der Armen, 1996.

Chawla, Navin: Mutter Teresa. Die autorisierte Biographie, 1993.

Devanda, Angelo: Mother Teresa. Ihr Leben und Werk in Bildern, 1976.

Egan, Eileen: Such a Vision of the Street. Mother Teres -The Spirit and the Work, 1985.

Feldmann, christian: Die Liebe bleibt. Das Leben der Mutter Teresa. Mit einem Vorwort von Roger Schutz, 1997.

Gray, Charlotte: Mutter Teresa. Die Helferin der Ärmsten der Welt, 1989.

Konermann, Bernward: Mutter Teresa - Heilegkeit ist kein Luxus, in: Der Friedens-

Nobelpreis von 1979 bis 1982, hg. v. Michael Neumann, 1922, S. 31-135.

LeJoly, Edward, S. J.:Mother Teresa. The Glorious Years, 1993.

-:Wir leben für Christus. Mutter Teresageistlicher Weg, 1978.

McGovern, James: Christi Liebe Weitergeben. Das Leben der Mutter Teresa, 1980.

Greene, Meg: Mother Teresa, 2004.

Muggeridge, Malcolm: Mutter Teresa, 1972 (Neuauflagen mit unterschiedlichen Untertiteln).

Porter, David: Mutter Teresa. Von Skopje nach Kalkutta. Die Geschichte einer Berufung, 1988.

Sebba, Anne: Mother Teresa. Beyound the Image, 1997.

Spink, Kathryn: Mutter Teresa. Ein Lenen für die Barmherzigkeit, 1997.

Andere Darstellungen

Chatterjee, Aroup: The Mother of all Myths, in: http://website. lineone.net/~bajuu/. -:Mother Teresa. the Final Verdict, 2002, Auszüge in: http://www.meteorbooks.com/index.html.

Fischer, Werner: Mutter Teresa. Ein Heiligkeitsmodell kritisch bettachtet, 1985.

Hitchens, christopher: The Missionary Position. Mother Teresa in Theory and Practice, London / New York 1995.

Sammer, Marianne: Mutter Teresa begegnen, 2003.

옮긴이 **나혜심.**
성균관대학교 역사교육과졸업 동 대학 사학과 석사학위
독일 지겐대학교 역사학박사(Ph.D.).
현재 성균관대학교, 경기대학교, 한림대학교 강의 중

감수 **이석규**
가톨릭 대학교 신학대학과 중앙대학교 신문방송 대학원 졸업
가톨릭 출판사 편집위원과 자유기고가로 활동하며 역서로는
〈몸에 벤 어린시절〉〈우리는 그 분 안에서 하나옵니다〉등을 번역 하였다.

마더 데레사 평전
삶, 사랑, 열정 그리고 정신세계

초판 1쇄 인쇄 | 2009. 9. 1
초판 1쇄 발행 | 2009. 9. 5

지은이 | 마리안네 잠머
옮긴이 | 나혜심
감수자 | 이석규
펴낸곳 | 자유로운 상상
펴낸이 | 하광석
디자인 · 편집 | 블룸

등록 | 2002년 9월 11일(제 13-786호)
주소 | 서울시 성북구 장위동 231-187 102호
전화 | 02-392-1950 팩스 | 02-363-1950
이메일 | hks33@hanmail.net

ISBN 978-89-90805-51-5 03850

· 사전 동의 없는 무단 전재 및 복제를 금합니다.
· 잘못 만들어진 책은 바꾸어 드립니다